Wandern ZU BERGSEEN rund um Innsbruck

Josef Steiner

Tyrolia-Verlag · Innsbruck-Wien

Inhalt

Vorwort

Meine Liebe zu Bergseen reicht weit in die Kindheit zurück. Den Zeit- und Familienumständen im oberen Vinschgau der Nachkriegszeit entsprechend wurde ich bereits mit acht Jahren als Almhirte verdingt. Mein Vater war Senner und die Bauern konnten ihn über die Sommermonate nur im „Doppelpack“ anstellen, gemeinsam mit mir als Hirte. Der Vater war es auch, der mit dem jeweiligen Dienstgeber verhandelte und meinen Lohn vereinbarte, der aus freier Kost, einem Kleidungsstück und ein paar Lire bestand. Das Geld behielt der Vater, denn wir waren eine große Familie und das Jahr dauerte lang.

Als Hirte durchstreifte ich nun mit meinem Vieh die weiten Almflächen. Dabei übten die kleineren und größeren Hochgebirgsseen und -lacken auf mich von Anfang an eine besondere Faszination aus. Ihre verträumte Lage, die Ruhe, das wechselnde Farbspiel des Wassers, die ziehenden Wolken am Himmel und ihr Spiegelbild im See, das alles versetzte mich in große Ruhe, beflügelte aber gleichzeitig meine Phantasie, vor allem dann, wenn ein solch kleiner See mit einer der zahlreichen Sagen verbunden war, wie sie an den Abenden in den Almhütten erzählt wurden.

Natürlich bildeten diese Beschaulichkeiten und Tagträumereien nur den kleinsten Teil meiner Almsommer. Schließlich waren die Tage von früh bis spät angefüllt mit Arbeit und Sorge um das anvertraute Vieh. Gerade weil die Arbeit oft schwierig war, genoss ich diese ruhigen Stunden an den Ufern der Seelein als besondere Kostbarkeiten, die mir bis heute tief und unlöschbar in Erinnerung geblieben sind. Mit 25 Jahren gab ich dann den Beruf des Hirten auf, aber die Anziehungskraft der Almen und die Sehnsucht nach den verschwiegenen Seelein ist geblieben.

Das Ziel meiner Wanderungen, wie ich sie in diesem Büchlein vorstelle, sind nicht die hohen Gipfel, und sportliche Leistungen strebe ich auch nicht an. Meine Wanderungen führen mit wenigen Ausnahmen zu kleinen und größeren Seelein in den Almregionen des Hochgebirges.

Die Hochgebirgsseen zählen zu den besonderen Schönheiten unseres Landes. An ihren beschaulichen Ufern zu sitzen und den Gedanken freien Lauf zu lassen, ist in der heutigen Zeit ein Labsal für Geist und Seele. Oft liegen diese kleinen Gewässer versteckt, dann wieder direkt an Wanderwegen. Tiefer und sonnig gelegene Seen haben naturgemäß eine längere Saison als hoch und nordseitig liegende. Hier dauert der Bergsommer nur wenige Wochen und eisfrei sind diese exponierten Seen dann in manchen Jahren nur kurze Zeit.

Besondere Ausrüstung braucht es keine. Es genügt die übliche fürs Hochgebirge (siehe Einführung). Als Routen wählte ich größtenteils gut markierte Wege und Steige in wanderbarem Gelände. Es handelt sich ausschließlich um Tagestouren. Einige davon erfordern etwas Ausdauer und somit Kondition.

Ich empfehle dieses Büchlein allen, die die Einsamkeit der Bergwelt lieben, die die augenfälligen und verborgenen Schönheiten in der Alm- und Hochgebirgsregion unserer Heimat suchen, und die dem Zauber der Bergseen erliegen möchten – so wie ich damals als achtjähriger Hirte.

Birgitz, im Frühjahr 2001

Josef Steiner

Die Blaue Lacke mit dem Sulzenauferner im Hintergrund (siehe Seite 59)

Einführung

Wer in den Bergen wandert, sollte zum eigenen Schutz einige Grundsätze berücksichtigen.

1. Eine gute Ausrüstung ist unerlässlich. Wählen Sie stets jene Bekleidung, die schlechtem Wetter entspricht, denn auch schönes Wetter kann im Gebirge kurzfristig umschlagen: Nehmen Sie feste, hohe Bergschuhe mit griffiger Sohle, niemals Halbschuhe. Nur so sind Sie trittsicher unterwegs. Denken Sie auch an Wind-, Regen- und Kälteschutz, z. B. Pullover, winddichter Anorak, Kopfbedeckung.

2. Wenn Sie nicht nur eine kurze Hüttentour unternehmen, vergessen Sie nicht leichten Proviant (z. B. Müsliriegel, Trockenobst, Bananen; in jedem Fall fettarm) und vor allem ausreichend Flüssigkeit (verdünnte Fruchtsäfte, Tee, isotonische Durstlöscher; Alkohol schmälert die Leistungs- und Konzentrationsfähigkeit). Sie können sich nicht auf Quellen oder Brunnen am Wegrand verlassen.

3. Hinterlassen Sie daheim oder in Ihrem Quartier Angaben über das Tourenziel und die geplante Rückkehr.

4. Trotz aller Umsicht kann ein Unfall nicht ausgeschlossen werden. Dann ist das alpine Notsignal – sechs optische oder akustische Zeichen pro Minute, dann eine Minute Pause und wieder sechs Zeichen usw. – hilfreich, meist ist jedoch ein Handyruf wirkungsvoller: Bergrettung 140, Euro-Notruf 112. Allerdings kann es kurze Wegabschnitte geben, auf denen das Handy nicht funktioniert.

5. Unternehmen Sie größere Bergtouren nie allein, auch wenn sie harmlos erscheinen. Auch der erfahrene Bergwanderer kann im Hochgebirge durch Wetterumschlag, Verletzungen oder Unwohlsein in Gefahr geraten. Mit einem Begleiter ist meist Hilfeleistung und Rettung (leichter) möglich.

Nicht immer haben die Wanderungen den Charakter eines Spazierganges wie hier im Bild bei der Unterreinsalm im Obernberger Tal.

6. Besondere Vorsicht ist beim Begehen steiler, nasser Grashänge und sommerlicher Schneefelder geboten. Rutschen Sie nie in Schneerinnen ab!
Treten Sie keine Steine ab!

7. Bleiben Sie auf den markierten Wegen und schonen Sie die Natur, indem Sie auf Abkürzungen verzichten. Im Übrigen gilt: Der kürzeste Weg ist nicht immer der beste. Rasten Sie „spurlos“, werfen Sie keine Abfälle weg, sondern tragen sie wieder ins Tal!

8. Schließen Sie hinter sich die Gatter der Weidezäune, damit sich nicht das Vieh verläuft.

Der Zugang zum Rinnensee erfolgt über die Franz-Senn-Hütte (siehe Seite 55).

Zum Gschwandtkopfsee

Halbtagesausflug durch Lärchenwiesen

Lage: Unterhalb der Bergstation des Gschwandtkopfes bei Seefeld
Schwierigkeit: Für gehgewohnte Wanderer leicht
Gehzeit: ↑ 2½ Std., ↓ 2 Std.
Höhenunterschied: 370 m
Landkarte: Mayr WK Nr. 16 – Seefeld
Ausgangspunkt: Reith b. Seefeld, 1130 m
Anfahrt: Innsbruck – Ausfahrt Seefeld beim Knoten Zirl Ost der Inntal-Autobahn – Zirler Berg – Reith b. Seefeld.

Wegverlauf

Vom Bahnhof auf dem Weg Nr. 14 rechts des Bahnkörpers Richtung Auland bis kurz vor einer Kneippanlage und einer Kapelle, nun links unter der Bahnunterführung hindurch auf Weg Nr. 4 bis zum Hotel Alpenkönig. Von hier

Hoch über dem Inntal inmitten ausgedehnter Wälder, umgeben von Mähdern und einem besonders schönen Mischwald, liegt der Gschwandtkopfsee.

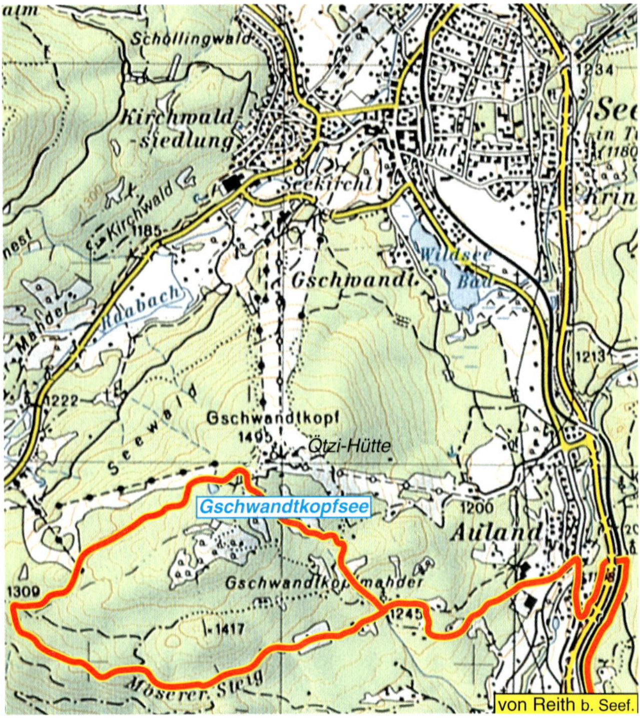

auf Weg Nr. 87 Richtung Gschwandtkopf bis zum See, 1470 m. Um zum See zu gelangen, durchquert man herrliche Lärchenwiesen und genießt großartige Ausblicke. Wenige Minuten oberhalb des Sees nahe der Bergstation des Gschwandtkopfliftes liegt die ganzjährig bewirtschaftete „Ötzihütte" samt so genanntem Ötzimuseum, Wildgehege und Kinderspielplatz. Abstieg wie Aufstieg.

Am Gschwandtkopfsee

Hoch über dem Inntal inmitten ausgedehnter Wälder, umgeben von den Mähdern des Gschwandtwaldes, liegt der See auf ca. 1470 m Höhe. Das kleine Gewässer (65 x 35 Meter und bis zu 4 m tief) ist von einem Schilfgürtel umgeben. Ein besonders schöner Mischwald bildet die reizvolle Umgebung.

Rund um die Möserer Höhe

Möserer See, Lottensee, Wildmoossee

Lage: Die waldige Hügellandschaft westlich von Seefeld mit ihrem weitverzweigten Netz von Spazierwegen erfreut sich im Sommer und im Winter großer Beliebtheit.
Schwierigkeit: Eine Wanderung ohne Probleme sowohl für Kinder als auch für ältere Leute
Gesamtgehzeit: 4½ Std.
Höhenunterschied: 120 m
Landkarte: Mayr WK Nr. 16 – Seefeld
Ausgangspunkt: Seefeld, 1180 m
Anfahrt: Innsbruck – Ausfahrt Seefeld beim Knoten Zirl Ost der Inntal-Autobahn – Zirler Berg – Seefeld. Die Wanderung beginnt beim Seekirchl.

Wegverlauf

Der Rundweg um die Möserer Höhe kann auch mit Kindern und von älteren Leuten problemlos begangen werden. Es erübrigt sich eine nähere Wegbeschreibung, da er bestens ausgeschildert ist.

Die Hohe Munde bietet dem Wildmoossee einen großartigen Hintergrund.

Am Wildmoos-, Lotten- und Möserer See

Besondere Aufmerksamkeit verdienen die in unregelmäßigen Zeitabständen auftretenden Seen: der Wildmoossee und der Lottensee. Nur alle paar Jahre sprudeln Wasser aus dem Boden. Nach und nach füllen sie die ansonsten grünen Wiesenmulden und entwickeln sich zu zwei beliebten, idyllisch gelegenen Badeseen.

Der Wildmoossee, ca. 1250 m, weist eine Länge von 350 Meter, eine Breite von 150 m und eine Tiefe von bis zu 6 Meter auf.

Der Lottensee, ca. 1250 m, hat folgende Maße: 370 m Länge, 130 m Breite, 8 bis 16 m Tiefe. Im schneereichen Winter 1998/99 wiesen Wildmoos- und Lottensee den höchsten Wasserstand seit Menschengedenken auf. Bis zum heutigen Tag gibt dieses kleine Naturwunder Rätsel auf.

Der Möserer See, 1284 m, 220 m Länge, 210 m Breite, 4 bis 30 m Tiefe, steht seit 1942 unter Naturschutz. An einem Teil seiner Ufer brüten Wasservögel, und die blühenden rostroten Alpenrosen reichen fast bis zum See.

Der Wildmoosalmsee, 1314 m, ist der kleinste der Seen: 130 m Länge, 60 m Breite und 5 m Tiefe.

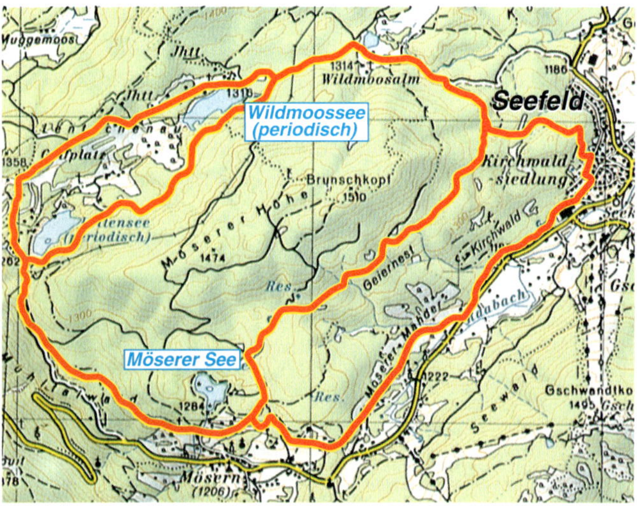

*Der Möserer See steht seit 1942 unter Naturschutz.
An einzelnen Uferabschnitten brüten Wasservögel
und blühen Alpenroseen.*

*Unterhalb der Coburger Hütte im Mieminger Gebirge
liegt der sagenumwobene Drachensee.*

Zum Seebensee und Drachensee

Hoch über dem Ehrwalder Talkessel

Lage: Die zwei Seen liegen hoch über dem Ehrwalder Talkessel gegenüber dem Wettersteingebirge am Nordabhang der Mieminger Kette.
Schwierigkeit: Unschwierig, aber Ausdauer erforderlich. Bis zur Seebenalm auch mit Mountainbike möglich
Gehzeit: ↑ 5 Std., ↓ 4½ Std.
Höhenunterschied: 735 m
Landkarte: Mayr WK Nr. 15 – Leutasch
Ausgangspunkt: Leutasch/Plaik, 1172 m
Anfahrt: Innsbruck – Ausfahrt Seefeld beim Knoten Zirl Ost der Inntal-Autobahn – Zirler Berg – Seefeld – Leutasch/Salzbachbrücke, Parkmöglichkeit (Gebühr).

Wegverlauf
Vom Parkplatz durch das romantische Gaistal taleinwärts vorbei an der Gaistal- und der Tilfussalm (nahe der Tilfussalm weilte oft Ludwig Ganghofer in seinem Jagdhaus Hubertus) und am Igelsee zum Sattel (1585 m, ca. 3 Std.). Bis hierher wandert man auf einer bequemen Forststraße. Ab nun auf dem AV-Steig Nr. 23 in 1 Std. über die Seebenalm, 1575 m, zum Seebensee, 1657 m, und weiter in einer weiteren Stunde etwas steil hinauf zum Drachensee unterhalb der Coburger Hütte. Abstieg wie Aufstieg.

Man kann sich kaum vorstellen, dass in diesem abgelegenen Gebiet einst Bergknappen nach Erz schürften. Von 1561 bis 1735 war aber der Bergbau Seeben im Drachenkar in Betrieb. Das Erz säumte man auf die Grundsteinscharte (2272 m) und schleifte es auf der anderen Seite im Frühjahr in Ledersäcken auf den Schneefeldern nach Arzkasten (= Erzkasten), einem Ortsteil von Obsteig, hinunter.

Variante
Mit dem Pkw über den Fernpass und durch Ehrwald zur Talstation der Ehrwalder Almbahn, ca. 1100 m. Mit der Einseil-Umlaufbahn auf die Ehrwalder Alm, 1502 m, und wandernd über Seebenalm, Seebensee zum Drachensee. Abstieg wie Aufstieg. Gesamtgehzeit: 4 Std.

Am Seebensee
Der Seebensee (1657 m hoch, 400 m lang, 245 m breit und 27 m tief) liegt oberhalb der gleichnamigen Alm (im Sommer bewirtschaftet) und ist teils von Gras- und Waldböden, teils von uralten Lärchen und Latschenkiefern umrahmt. Hier in der Nähe hatte Ganghofer eine kleine Jagdhütte.

Am Drachensee
Er liegt unterhalb der Coburger Hütte (1917 m, im Sommer bewirtschaftet) tief in einer Senke auf 1874 m Seehöhe,

Die Gegend um den Seebensee war einst ein Bergbaugebiet, später dann Ganghofers Jagdrevier und ist heute ein beliebter Rastplatz für Wanderer.

umgeben von Blockwerk und Felswänden. Der tiefblaue, kristallklare See ist 320 m lang, 240 m breit und 24 m tief.

Eine Sage erzählt

Als seinerzeit der hl. Magnus den Bewohnern des Allgäus das Christentum brachte, entdeckte er in den nahe gelegenen Bergen Gold und Silber. Die Menschen schürften sofort nach den Edelmetallen und wurden in kurzer Zeit überaus reich. Da kam eines Winterabends ein Bettler und bat um Nachtherberge. Die Knechte warfen ihn aber aus dem Haus. Da verfluchte sie der Greis. Ein Erdbeben verschüttete daraufhin die Gold- und Silbergruben, die Häuser versanken und an ihrer Stelle bildete sich der Drachensee. Zu den versunkenen Schätzen gab es nur noch einen unterirdischen Zugang, den ein Drache bewachte, der einmal im Jahr an die Oberfläche kommt und sie aufwirbelt.

Die See'len im Fotscher Tal

Ein Paradies auf 2500 m Höhe

Lage: Hochalmgebiet in einem Seitental des Sellrain
Schwierigkeit: Unschwierig, aber die längere Route von Sellrain nur gehtüchtigen Wanderern zu empfehlen
Gehzeit: Von Sellrain ↑ 4½ Std., ↓ 5 Std., von Bergheim/Fotsch ↑ 2½ Std., ↓ 3½ Std.
Höhenunterschied: Von Sellrain 1600 m, von Bergheim/Fotsch 1100 m
Landkarte: Mayr WK Nr. 19 – Sellraintal
Ausgangspunkt: Sellrain, 908 m
Anfahrt: Innsbruck – Ausfahrt Sellrain der Inntal-Autobahn – Sellrain-Ort – Bergheim/Fotsch (Parkmöglichkeit).

Wegverlauf

Von Sellrain (908 m) ostwärts auf dem Fahrweg Nr. 118 neben dem Fotscher Bach in 2 Std. bis zur Brücke kurz vor dem Gasthof Bergheim (1464 m, ganzjährig bewirtschaftet), von hier südwärts (Weg Nr. 17) zur malerischen Almindalm (während der Almzeit bewirtschaftet). Weiter

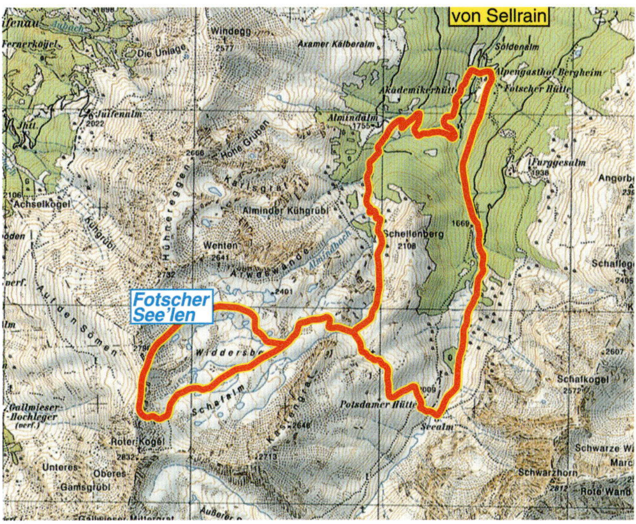

Die See'len im buckeligen Gelände der Hochalm sind ein Erlebnis ganz besonderer Art.

Hoch über dem Talabschluss der Almindalm und über der Waldgrenze breitet sich am Fuß des Roten Kogels ein weites Hochalmgebiet aus, das nur noch von Schafen und einigen Pferden beweidet wird: eine großartige Hügel- und Seenlandschaft. Zahllose Bächlein schlängeln sich durch die sanften Grasmatten. Stille und Ruhe – ein Erlebnis sondergleichen.

südwärts bis zum Almindbach, neben dem Bach durch Alpenrosen und über Almmatten in Richtung Roter Kogel (Holzpflock-Markierung) bis zur Abzweigung zur Potsdamer Hütte. Nun auf dem Weg Nr. 36 westwärts zu den Seen auf ca. 2500 m. Von der Almindalm bis hierher in 2 Std. Für die Runde um die Seen sind weitere 2 Std. anzuschlagen. Der Abstieg erfolgt auf dem Weg Nr. 118 über die Potsdamer Hütte (im Sommer bewirtschaftet) zurück zum Gasthof Bergheim in der Fotsch und weiter nach Sellrain.

Almimpressionen im Schmirntal auf dem Weg zum Ramsgrubensee (siehe Seite 74)

Viehrast bei der Klammalm auf dem Weg zum gleichnamigen See in den Tarntaler Bergen (siehe Seite 76)

Zum Schönangerlsee

Ein Paradies vor der Haustür

Lage: Auf einem Bergrücken zwischen Senders- und Fotscher Tal
Schwierigkeit: Auch für Kinder leicht und problemlos
Gehzeit: ↑ 2½ Std., ↓ 2 Std.
Höhenunterschied: 1070 m
Landkarte: Mayr WK Nr. 22 – Südwestl. Mittelgebirge
Ausgangspunkt: Grinzens, 928 m
Anfahrt: Innsbruck – Ausfahrt Sellrain der Inntal-Autobahn – Kematen – Axams – Grinzens.

Wegverlauf

Von Grinzens südwärts zum Sportplatz, dann auf einem Forstweg oder den steileren Waldweg zur Nederer Jagdhütte, 1633 m, weiter auf das aussichtsreiche Salfeinsköpfl, 2000 m (Gipfelkreuz), von hier in 30 Minuten über reich blühende Almböden zum See. Beim Abstieg, um die Wanderung zu einer Runde zu gestalten, über die Salfeinsalm,

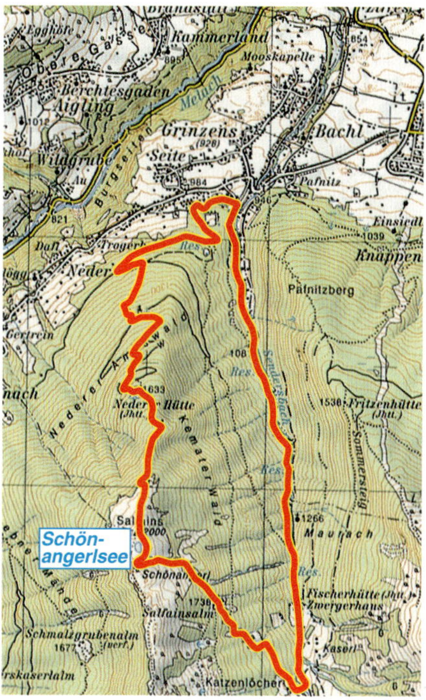

Im seenreichen Kühtai: Der Obere Plenderlessee auf 2344 m Seehöhe; im Hintergrund der Pockkogel (siehe Seite 47)

Der Schönangerlsee zwischen Senders- und Fotscher Tal vor dem Hintergrund des Karwendels

1738 m, ins Senderstal und dem rauschenden Sendersbach folgend talaus zurück nach Grinzens.

Am Schönangerlsee (Salfeinssee)

Der nicht sehr große, aber landschaftlich reizvolle See, über 1900 m, liegt noch unterhalb der Baumgrenze im Salfeinser Almgebiet. Er, der von Grasmatten, Alpenblumen, einigen Zirben und am West- und Südufer von einem leuchtend roten Algenteppich umrahmt wird, ist 100 Meter lang, 60 m breit und etwa 2 bis 3 m tief.

Vom Schönangerlsee aus bietet sich ein weiter Ausblick auf das Inntal, in das Karwendel, zur Hohen Munde in den Mieminger Bergen und auf die Felstürme der Kalkkögel, die sich im See spiegeln.
Hier verlieren Sorgen etwas von ihrer Schwere, und man kann sich vom Stress des Alltags erholen. Ein Paradies vor der Haustür.

Zum Schlicker See

Zwei Brüder an einer viel begangenen Route

Lage: Am Seejöchl, dem Übergang vom Senderstal ins Stubaital
Schwierigkeit: Für etwas bergerfahrene Wanderer unschwierig und lohnend
Gehzeit: ↑ 2 Std., ↓ 4 Std.
Höhenunterschied: ↑ 300 m, ↓ 1590 m
Landkarte: Mayr WK Nr. 22 – Südwestl. Mittelgebirge
Ausgangspunkt: Hoadl-Bergstation, 2340 m
Anfahrt: Innsbruck – Ausfahrt Sellrain der Inntal-Autobahn – Kematen – Axams – Axamer Lizum. Mit der dortigen Standseilbahn zur Bergstation Hoadl, 2340 m.

Wegverlauf

Von der Bergstation der Standseilbahn am Hoadl führt der Weg Nr. 111 hoch über dem Senderstal fast eben am Fuße der schroffen Wände von Hochtennspitze, der Steingrubenwand, des Steingrubenkogels und der Schlicker Seespitze über Schuttreisen zum Seejöchl, 2518 m, und zum Schlicker See. Aus dem Senderstal grüßen die Kemater Alm und die Adolf-Pichler-Hütte herauf.

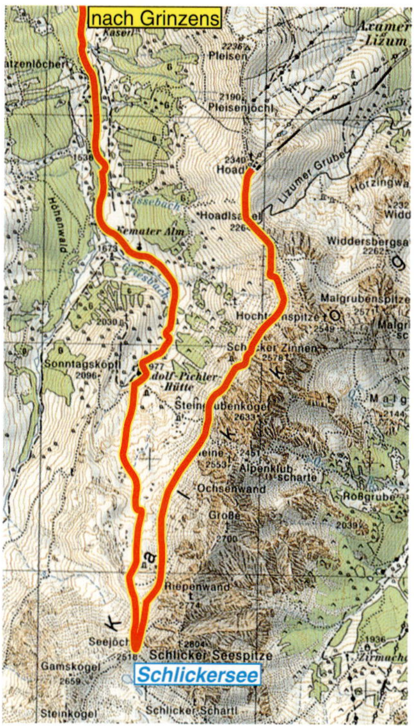

Der Schlicker See vor der eindrucksvollen Kulisse der imposanten Kalkkögel

Am Schlicker See

In einer teils von Felsgeröll, teils von grünem Almrasen und Alpenblumen umrahmten Mulde ruht der kleine Schlicker See: 100 x 70 m und etwa 2 m tief. Der etwas tiefer gelegene und kleinere Bruder ist gar nur 60 m lang, 15 m breit und 1 m tief. Seine Mulde hat einst ein kleiner Gletscher ausgekolkt.

Der Schlicker See und sein kleinerer Bruder liegen an bekannten und viel begangenen Wanderwegen und Klettersteigen. Aber mit Blick aufs ferne Ziel werden sie oft zu Unrecht übersehen. An ihren Ufern zu rasten bedeutet nämlich großartige Ausblicke auf die Stubaier Gletscherwelt und die gewaltigen Felstürme der Kalkkögel.

Zum Krimpenbachalmsee

Bereits in der Steinzeit ein Jagd- und Rastplatz

Lage: Unweit der Krimpenbachalm am Rosskogel
Schwierigkeit: Für die ganze Familie
Gesamtgehzeit: ↑ 2½ Std.,↓ 2 Std.
Höhenunterschied: 550 m
Landkarte: Mayr WK Nr. 22 – Südwestl. Mittelgebirge
Ausgangspunkt: Oberperfuss/Stieglreith, 1363 m
Anfahrt: Mit dem Pkw Innsbruck – Ausfahrt Zirl Ost der Inntal-Autobahn – Kematen – Oberperfuss – Stieglreith (Parkplatz).

Wegverlauf

Von hier zu Fuß den Fahrweg Nr. 155 Richtung Rosskogelhütte (1777 m, ganzjährig bewirtschaftet) nehmen und über den Alpenrosensteig (Nr. 155) zum Rangger Köpfl,

Geschichtliches: 1992 wurde im Gebiet der Krimpenbachalm auf etwa 2000 m Höhe eine steinzeitliche Pfeilspitze aus Feuerstein gefunden. Von Frühjahr bis Herbst 1996 und Anfang 1997 wurde von Mitarbeitern des Forschungsinstitutes für Alpine Vorzeit der Universität Innsbruck am Krimpenbachalmsee, einem Moorsee im Almbereich, ein mittelsteinzeitlicher Jagdrastplatz ergraben. Die Fundgegenstände stammen aus einer Zeit, in der die Menschen noch als Jäger und Sammler durch die Gegend streiften. Inzwischen konnten auf dem Gebiet der Krimpenbachalm noch weitere Fundstellen aus jener Zeit nachgewiesen werden.

Die alte Krimpenbachalm vor den Gipfeln des Karwendels

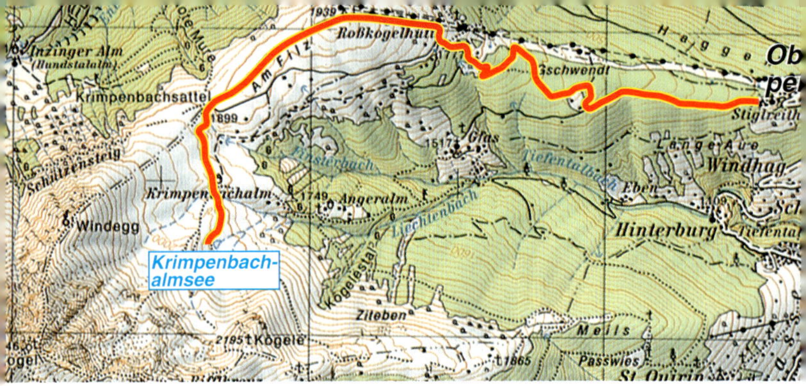

1939 m, über den Krimpenbachsattel, 1899 m, Richtung Südost zur Krimpenbachalm, 1918 m, und zum See.

Am Krimpenbachalmsee

Es ist ein kleiner, oft unbeachteter See, 1920 m, nur 100 m lang, 60 m breit und 4 m tief. Aber er ist ein kostbarer Naturmoorsee. Die Wanderung lohnt sich allein wegen der schönen Aussicht auf das Inntal, vor allem auf das Innsbrucker Becken und die es einrahmenden Berge. Je nach Jahreszeit findet man dort blühende Alpenrosenflächen, seltene Blumen und Gräser.

Schon unsere steinzeitlichen Vorfahren lagerten am Krimpenbachalmsee.

Zum Blauen See

Ein Rastplatz für „Ötzis" Verwandte

Lage: Über dem Talschluss und der Waldgrenze des Viggartals, südlich der Glungezerhütte
Schwierigkeit: Für geübte Bergwanderer problemlos
Gehzeit: ↑ 4 Std., ↓ 3½ Std.
Höhenunterschied: 1200 m
Landkarte: Mayr WK Nr. 20 – Innsbruck u. Umgebung
Ausgangspunkt: Ellbögen/Mühltal, 1039 m
Einkehrmöglichkeit: Meißner Haus (im Sommer bewirtschaftet)
Anfahrt: Innsbruck – Igls – Patsch – Ellbögen/Mühltal.

Wegverlauf

Von Ellbögen/Mühltal, dem Mühltalbach entlang, ins Viggartal bis zum Meißner Haus, 1707 m, auf Weg Nr. 333 und 32, von dort über die Brücke Richtung Viggar-Hochleger, 1938 m, und über den „Geschriebenen Stein" und einer Steilstufe zum Blauen See und seinen Trabanten.

Am Blauen See

Es handelt sich um zwei Seelein und ein paar kleinere Wasseransammlungen in unmittelbarer Umgebung. Der Blaue See, 2235 m, als Hauptsee misst 120 x 75 m und ist etwa 2 m tief. Ein kleinerer liegt etwas höher, er ist 100 x 50 m und ca. 1 m tief. Überragt von mehreren Berggipfeln liegen die Miniseen in einem teils von Felsgeröll, teils von

Einheimische erzählen die Sage vom Goldschatz: Als eines Tages ein Bauer aus Ellbögen und sein Begleiter zum Blauen See wollten, um den Schatz zu heben, da fuhr eine Schlange, ihr Kopf war so groß wie ein Butterfass, auf die Schatzsuchenden los und jagte ihnen solchen Schrecken ein, dass beide wie gehetzt zu Tal flüchteten und nie wieder nach dem Schatz suchten.

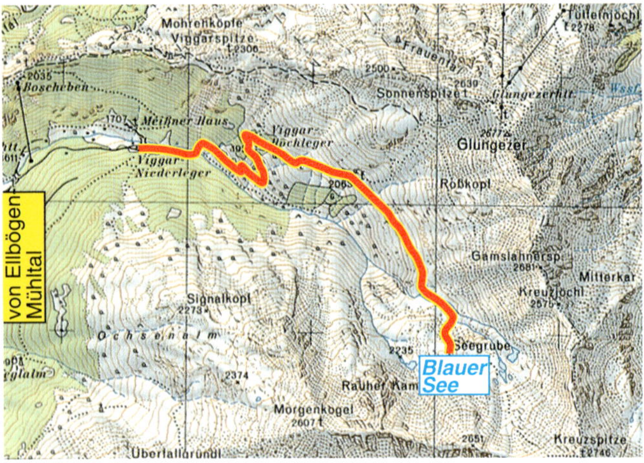

Alpinrasen besetzten Becken, das talseitig von einem begrasten Wall umschlossen ist. – Die Umgebung bietet schöne Ausblicke zum Wettersteingebirge mit der Zugspitze, zur Nordkette und ins Karwendel.

Der Blaue See und einige kleinere Geschwister liegen über dem Talschluss des Viggartals.

Geschichtliches: In der Nähe der Blauen Seen befindet sich der Geschriebene Stein. Man vermutet, dass sich hier in der Mittelsteinzeit, in der die Menschen noch als Jäger und Sammler durch die Gegend streiften, ein Jagdrastplatz oder ein Kultplatz befand. Bei genauerem Hinsehen kann man noch einige Schriftzüge erkennen. – Die Volksmeinung weiß, dass sich in dieser Gegend Kaiser Maximilian öfters als Jagdpächter und Jäger aufgehalten hat.

Zum Hundstalsee

Von dunklen Felswänden umrahmt

Lage: Der Hundstalsee liegt hoch über der Inzinger Alm (Hundstalalm) am Ende des Hundstales in den Alpeiner Bergen.
Schwierigkeit: Für gehgewohnte und trittsichere Bergwanderer problemlos, Ausdauer jedoch erforderlich
Gehzeiten: ↑ 3½ Std., ↓ 3 Std.
Höhenunterschied: 924 m
Landkarte: Mayr WK Nr. 19 – Sellraintal
Ausgangspunkt: Oberperfuss/Stieglreith, 1363 m
Anfahrt: Innsbruck – Zirl Ost der Inntal-Autobahn – Oberperfuss – Stieglreith, Parkplatz, 1363 m.

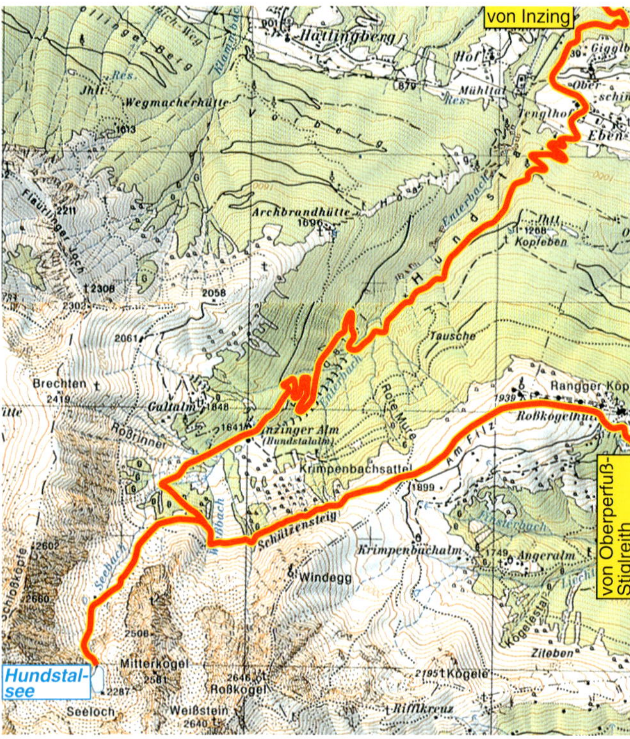

Auf dem Weg vom Rangger Köpfl zum Hundstalsee begegnen dem Wanderer immer wieder Schafe, die hier ihren Sommer verbringen.

Wegverlauf

Von Stieglreith auf dem Fahrweg Nr. 155 nach Westen durch lichten Lärchen- und Fichtenwald leicht ansteigend zur Rosskogelhütte, 1778 m, ca. 1 Std. (ganzjährig bewirtschaftet). Weiter nach Westen den Alpenrosensteig zum Krimpenbachsattel. Hier beginnt der Schützensteig Nr. 12, der leicht nach Westen ansteigt und um den ganzen Kessel oberhalb der Inzinger Alm zum Seebach, von hier (Weg Nr. 13) steil zu einer Jagdhütte und einem kleinen Seelein führt, nun über eine steile Felsstufe hinauf zum Hundstalsee.

Variante

Als Alternative kommt man zum Hundstalsee auch von Inzing aus (↑ 4½ Std., ↓ 4 Std., 1670 m Höhenunterschied). Wegverlauf: Vom südlichen Ortsende Inzings dem Enterbach entlang hinauf zum Weiler Eben am Inzinger Berg. Auf dem Forstweg weiter (Nr. 11) nach Süden durch das

Hoch über der Inzinger Alm im Hundstal liegt der gleichnamige See in ein Kar eingebettet.

bewaldete Hundstal zur Inzinger Alm (Hundstalalm), 1638 m, 2½ Std. (an Sonn- und Feiertagen ganzjährig bewirtschaftet). Weiter nach Süden über Almböden und zwischen Alpenrosenbeständen zum Schützensteig, den Seebach entlang zum Hundstalsee, ca. 2 Std.

Am Hundstalsee

Der Hundstalsee ist ein von Fels und Blockwerk umgebener, in ein Schuttkar eingebetteter Bergsee auf 2287 m Seehöhe, 210 m lang, 130 m breit und 5 m tief. Dunkle Felswände umrahmen ihn.

Eine Sage erzählt

Als vor vielen, vielen Jahren nach einem furchtbaren Gewitter der See ausbrach, donnerten Felsen und Geröllmassen mitsamt dem Drachen, der im See hauste, mit ohrenbetäubendem Lärm zu Tal. An der Stelle aber, wo der Drache verendete, wächst seit damals kein Gras mehr.

Zeitlose Ruhe: die kleinen verschwiegenen Seen vor der gewaltigen Kulisse ragender Berge. Hier der Obere Plenderlessee (siehe Seite 47)

Zum Taxer See

Am Übergang vom Inntal ins Sellrain

Lage: Der Taxer See liegt am Übergang vom Inntal ins Sellraintal südöstlich oberhalb der Flaurlinger Alm.
Schwierigkeit: Für gehgewohnte Wanderer problemlos
Gehzeit: ↑ 4 Std., ↓ 3½ Std.
Höhenunterschied: 1400 m
Landkarte: Mayr WK Nr. 19 – Sellraintal
Ausgangspunkt: Flaurlinger Berg, 890 m
Anfahrt: Innsbruck – Telfs West der Inntal-Autobahn – Pfaffenhofen – Oberhofen – Flaurling – Flaurlinger Berg. Am Beginn der Forststraße zur Flaurlinger Alm ist ein Parkplatz.

Wegverlauf

Vom Parkplatz auf dem Fußweg Nr. 154 ins Flaurlinger Tal und weiter den Kainzbach entlang zur Flaurlinger Alm, 1614 m (Sommer und Winter bewirtschaftet), in 2½ Std. Dann bis zur Hinweistafel Taxer See und Seejoch (rot-weiße Markierung), leicht ansteigend bis zum Seebach; dem

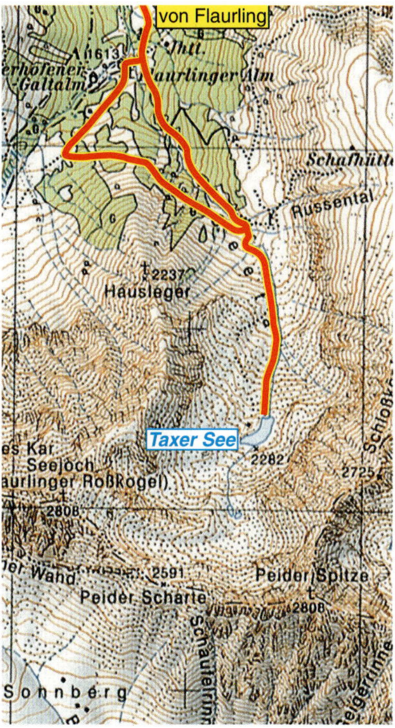

Der Grünausee im inneren Stubaital unweit der Sulzenauhütte (siehe Seite 59)

Vom Flaurlinger Berg aus wandert man zum romantischen Taxer See, von wo aus man eine prachtvolle Aussicht genießen kann.

Seebach entlang, teilweise ziemlich steil über Geröll- und Blockhalden zum Taxer See in 1½ Stunden.

Am Taxer See

Der Taxer See, 2282 m, von Blockwerk umgeben und in ein lang gezogenes Karbecken gebettet, ist 250 m lang, 80 m breit und etwa 5 m tief. Talseitig dämmt ihn ein grasbewachsener, hoher Rücken ab. Im Westen, Süden und Osten wird das Seegebiet von hohen Kämmen und Berggipfeln umschlossen, überragt vom Flaurlinger Rosskogel, 2808 m.

Vom nordseitigen Sperrriegel bietet sich ein weiter Ausblick ins Inntal, vor allem auf die gegenüberliegenden Mieminger Berge mit der Hohen Munde und das Wettersteingebirge bis zur Zugspitze.

Zu den Fernsteinseen

Wo sich Sigmund der Münzreiche gerne aufhielt

Lage: Fernstein- und Samerangersee liegen unterhalb der Südrampe des Fernpasses unweit von Nassereith. Dieses Gebiet steht unter Naturschutz.
Schwierigkeit: Leicht, auch für Kinder problemlos
Gehzeit: 3½ Std. mit Seenumrundung
Höhenunterschied: ca. 100 m
Landkarte: Mayr WK Nr. 13 – Gurgltal
Ausgangspunkt: Nassereith, 838 m
Anfahrt: Innsbruck – Ausfahrt Mötz der Inntal-Autobahn – Barwies – Obsteig – Holzleitensattel – Nassereith.

Wegverlauf

An der Kirche vorbei auf bequemem Weg nordwärts, der Beschilderung zum Fernsteinsee (blau-weiße Markierung) folgend, leicht ansteigend durch Wiesen und Mischwald zum Fernsteinsee in 1 Std. Romantische Umrundung des Fernstein- und Samerangersees ohne Orientierungsprobleme in 1½ Std. – Rückweg auf dem Zugangsweg nach Nassereith.

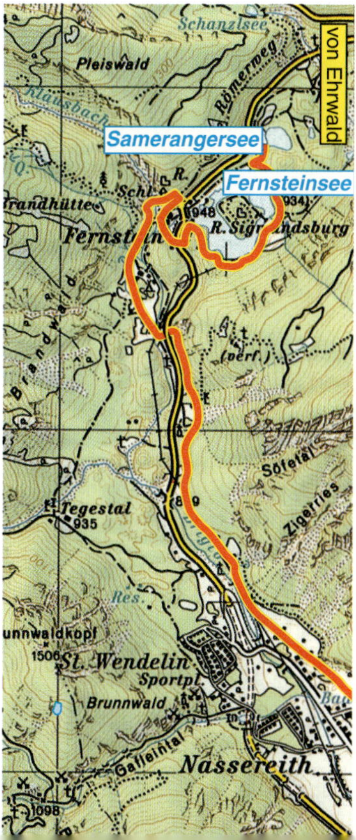

Einkehrmöglichkeit: Hotel Fernsteinsee (im Sommer bewirtschaftet).

Der liebliche Samerangersee ist der kleine Bruder des größeren und berühmteren Fernsteinsees.

Am Fernsteinsee

Er ist 500 x 600 m groß und 17 m tief. Wunderschön gelegen ragt eine vegetationsreiche Insel aus dem Wasser. Die Seen am Fernstein, ca. 950 m, bezaubern nicht nur durch ihre Lage, sondern auch durch das herrliche Farbenspiel.

Am Samerangersee

Eine Viertelstunde nördlich liegt der etwas kleinere Samerangersee, von Gras- und Waldböden, von Lärchen und Fichten umrahmt. 200 m lang, 160 m breit und 18 m tief funkelt er wie ein Edelstein.

Geschichtliches: Vor 2000 Jahren führte an den Fernsteinseen die „Via Claudia Augusta" vorbei. Sie verband die Gebiete nördlich und südlich der Alpen und endete in Augsburg. Sie war der wichtigste, weil kürzeste und damals niedrigste Übergang über die Alpen. – Vor mehr als 500 Jahren begeisterte sich der verschwenderische Tiroler Landesfürst Sigmund der Münzreiche für diese Gegend und ließ ab 1462 auf der Insel im Fernsteinsee die „Sigmundsburg" errichten. Heute sind nur noch einige Mauerreste sichtbar.

Schon der Bayernkönig Ludwig II. schwärmte für den romantisch gelegenen Fernsteinsee, auf dessen Insel einst ein Schloss war.

Zum Kraspessee

In unberührter, urtümlicher Alpinlandschaft

Lage: Hoch über dem Kraspestal, einem linken Seitentälchen im Sellrain
Schwierigkeit: Für gehgewohnte und trittsichere Berggeher problemlos
Gehzeit: ↑ 3½ Std., ↓ 3 Std.
Höhenunterschied: 900 m
Landkarte: Mayr WK Nr. 19 – Sellraintal
Ausgangspunkt: St. Sigmund/Haggen, 1646 m
Anfahrt: Innsbruck – Zirl Ost der Inntalautobahn – Sellrain – St. Sigmund – Haggen (Parkplatz nahe dem Forellenhof bei der Brücke).

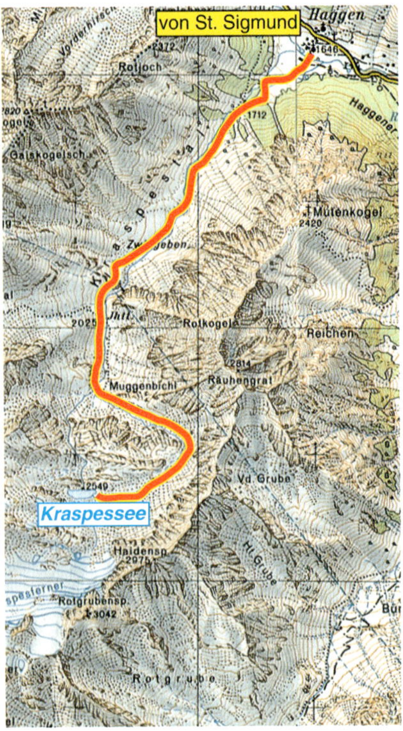

Wegverlauf

Der Weg Nr. 42 führt vom Parkplatz in Haggen über die Brücke, südwärts ins Kraspestal in ca. 1 Std. durch Lärchenwälder und über Almweiden, leicht ansteigend bis zur ersten Talstufe, dann steil bis zu einer kleinen Berghütte („Hüttl am Stoa"). Von dort (Wegweiser) nach 150 Meter über eine Brücke, noch immer auf dem Weg Nr. 42 über felsiges Gelände zum Kraspessee.

Der Kraspessee in einem Seitentälchen des Sellrain bleibt in manchen Jahren nur wenige Wochen eisfrei.

Am Kraspessee

Am Fuße von Kraspesspitze, Weitkarspitze, Haidenspitze und Kraspesferner liegt in einer felsigen Karmulde, 2549 Meter, der 250 m lange, 80 m breite und bis zu 5 m tiefe Kraspessee. In schneereichen Wintern bleibt er bis zum Frühsommer mit Eis bedeckt. Die steilen Geröllhänge, Schluchten, Wasserfälle und zahlreichen Gebirgsbächlein sowie eine bunte Alpenflora führen den Wanderer in in eine eindrucksvolle und unberührte Gebirgslandschaft.

Zu den Seen der Kuhwarte

Zu Füßen des Fernerkogels und Zischgelers

Lage: Hoch über dem inneren Gleirschtal in der Nähe der Pforzheimer Hütte
Schwierigkeit: Für gehgewohnte Wanderer, auch mit Kindern, leicht
Gehzeit: ↑ 3 Std., ↓ 2½ Std.
Höhenunterschied: 900 m
Landkarte: Mayr WK Nr. 19 – Sellraintal
Ausgangspunkt: St. Sigmund i. Sellrain, 1513 m
Anfahrt: Innsbruck – Zirl Ost der Inntalautobahn – Sellrain – St. Sigmund. Parkplatz links der Kühtai-Straße (Parkgebührautomat).

Wegverlauf

Von St. Sigmund i. Sellrain führt der Weg Nr. 145 ins Gleirschtal zuerst durch Wald, dann über Almwiesen vorbei an der ganzjährig bewirtschafteten Gleirschalm, 1666 m, zur Pforzheimer Hütte, 2310 m. Bis hierher in 2½ Std. immer leicht ansteigend, nur der Schlussanstieg (ca. 30 Min.) zur Pforzheimer Hütte (Witzenmannhaus) ist etwas steiler. Wer diese kurze An-

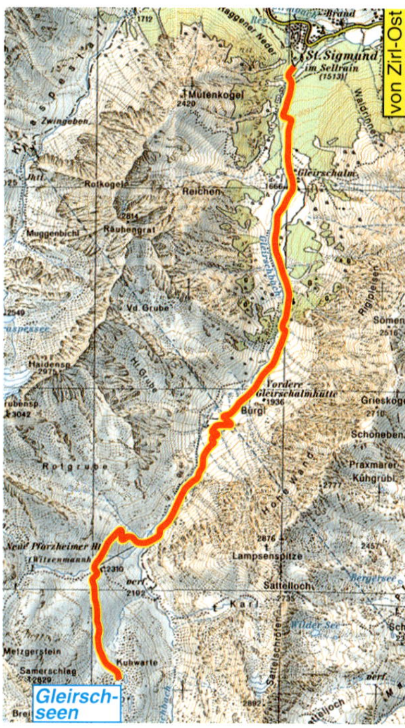

Vor dem Hintergrund des Gleirschferners ruhen mehrere kleine Seen in ihren Mulden.

strengung scheut, wählt den etwas längeren Weg zur Hinteren Gleirschalm, von hier über den Steg und am Nordhang entlang zur Pforzheimer Hütte. Von der Hütte in 30 Minuten fast eben (rot-weiße Markierung) Richtung Osten, an einem Gedenkstein vorbei, und über blühende Almweiden zu den Gleirschseen, 2420 m.
Abstieg wie Aufstieg, 2½ Std.

Der Wasserspiegel der Gleirschseen auf der Kuhwarte geht im Spätsommer stark zurück; deshalb sollte diese Wanderung bald nach der Schneeschmelze unternommen werden. Das ist auch die Zeit des Bergfrühlings, der links und rechts des Weges seine volle Pracht entfaltet. Ein Labsal für die Seele.

Ein gemütlicher Rastplatz am Ufer des Hirschebensees über Kühtai (siehe Seite 47).

Einkehrmöglichkeiten: Pforzheimer Hütte, 2310 m (Sommerwirtschaft) und Gleirschalm, 1666 m (ganzjährig bewirtschaftet).

Im Seengebiet der Kuhwarte (Gleirschseen)

Das größere Seelein, 2420 m, von 160 m Länge, 50 m Breite und 3 m Tiefe, und mit diesem fast verbunden, nur wenige Meter tiefer, das kleinere Seelein von 80 m Länge, 30 m Breite und schätzungsweise 2 m Tiefe, sowie ein paar kleine Wasseransammlungen in der Umgebung sind in ein längliches Karbecken gebettet, das von Blockwerk und mageren Rinder- und Schafweiden umgeben ist.
Im Osten, Süden und Norden wird das Seengebiet von hohen Kämmen, Berggipfeln und Gletschern umschlossen und überragt, u. a. vom Gleirschferner, Gleirscher Fernerkogel, 3189 m, und vom Zischgeles, 3004 m.

Am Torjoch, einem der Übergänge vom Inntal ins Tuxer Tal (siehe Seite 80)

Almen sind aus vielerlei Gründen für das Land wichtig. Hier die Salfeinsalm am Weg zum Schönangerlsee (oben, siehe Seite 21) und die Almindalm am Weg zu den See'len im Fotscher Tal (unten, siehe Seite 17).

Zu den Kühtaier Bergseen

Hirschebensee und Plenderlesseen in einer Runde

Lage: Südöstlich über dem Kühtai
Schwierigkeit: Gesamte Seenrunde ist für Bergwanderer, auch mit Kindern, leicht
Gesamtgehzeit: 3½ Std.
Höhenunterschied: 340 m
Landkarte: Mayr WK Nr. 19 – Sellraintal
Ausgangspunkt: Kühtai, 2017 m
Anfahrt: Innsbruck – Zirl Ost der Inntalautobahn – Sellrain – St. Sigmund – Kühtai/Kapelle.

Wegverlauf

Von der Kapelle im Kühtai südostwärts leicht ansteigend überwindet man bis zum Hirschebensee 150 Höhenmeter, von hier etwas steiler hinauf zum Mittleren Plenderlessee, 2317 m, dann Richtung Westen zur Drei-Seen-Hütte, 2311 Meter (ganzjährig bewirtschaftet); bis hierher 1½ Std. Nun weiter in einer Viertelstunde zum Oberen Plenderlessee, 2344 Meter; wieder zurück zur Drei-Seen-

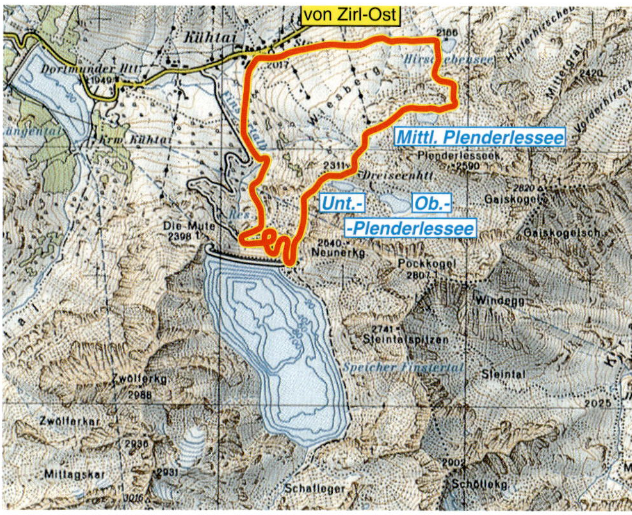

Der Mittlere Plenderlessee, einer der fünf Seen, die bei einer gemütlichen Kühtaier Seenrunde berührt werden.

Hütte und über den Unteren Plenderlessee zum Finstertaler Speichersee, 2323 m; von hier nimmt man als Abstieg entweder den Fahrweg oder den etwas steileren Steig zum Ausgangspunkt.

Einkehrmöglichkeiten: Drei-Seen-Hütte, 2311 m, ganzjährig bewirtschaftet, und in Kühtai.

Die Kühtaier Bergseen
Hirschebensee, 2164 m:
140 m Länge, 100 m Breite, 5 m Tiefe;
Mittlerer Plenderlessee, 2317 m:
220 m Länge, 70 m Breite, 6 m Tiefe;
Oberer Plenderlessee, 2344 m:
260 m Länge, 120 m Breite, 7 m Tiefe;
Unterer Plenderlessee, 2281 m:
200 m Länge, 60 m Breite, 4 m Tiefe.

Die Sage erzählt

Viele Erzählungen ranken sich um die Kühtaier Bergseen. Eine davon erzählt, dass sich am Hirschebensee einst ein weißer Hirsch aufgehalten hat. Ein Wilderer hatte die Absicht, das edle Tier zu erlegen. Als er sich an den Hirsch heranpirschte, brach ein furchtbares Unwetter los. Dabei schlug ein Blitz in den See und veranlasste den Hirsch zur rettenden Flucht. Seit nun der Blitz in den See eingeschlagen hat, ist der Hirschebensee der wärmste See im Kühtai.

Vor dem Bau des Finstertaler Speichers, 2323 m, befanden sich an der Stelle des heutigen Stausees zwei kleinere Bergseen. Erbaut wurde der Speicher in den Jahren 1978 bis 1981. Seine Maße: 1800 m Länge, 750 m Breite, 57 m Tiefe.

Blick auf den Unteren Plenderlessee, die Drei-Seen-Hütte und den Finstertaler Speichersee: ein typisches herrliches Kühtaier Panorama

Zu den Gossenkölleseen

Wo die Universität Innsbruck forscht

Lage: Nördlich von Kühtai, unterhalb der Irzwände, deren westlichen Eckpfeiler der Pirchkogel, 2828 m, und deren östlichen der Hochalter, 2678 m, bildet
Schwierigkeit: Unschwierig, auch für gehgewohnte Kinder geeignet
Gehzeit: ↑ 2 Std., ↓ 1½ Std.
Höhenunterschied: 630 m
Landkarte: Mayr WK Nr. 19 – Sellraintal
Ausgangspunkt: Kühtai, 2017 m
Anfahrt: Innsbruck – Zirl Ost der Inntalautobahn – Sellrain – St. Sigmund – Kühtai/Kapelle.

Wegverlauf

Von der Kapelle in Kühtai nordwärts auf einem Almweg (Nr. 10, 151) zur Kaiser-Maximilian-Hütte (nur im Winter bewirtschaftet), dann Richtung Pirchkogel bis zu den Gossenkölleseen, 2428 m, und Schwemmsee'len. Hier befindet sich eine Limnologische Forschungsstation der Universität Innsbruck. Von dieser Forschungsstation aus ost-

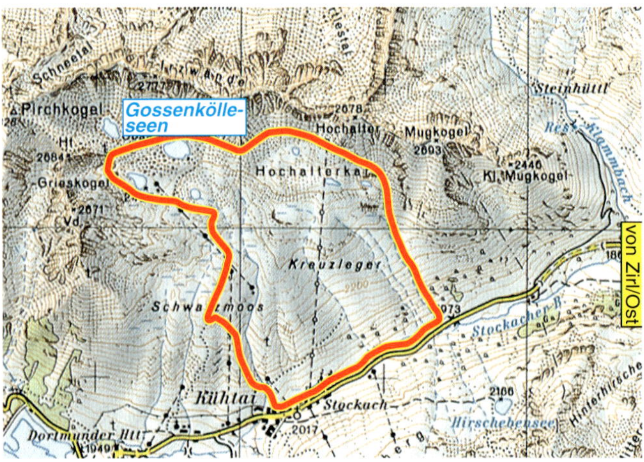

Am Gossenköllesee hoch über Kühtai liegt die Limnologische Anstalt der Universität Innsbruck.

wärts erreicht man auf gleicher Höhe über einen schmalen Viehsteig in einer halben Stunde die von Almgräsern und Bergblumen gesäumten Schwemmsee'len.

An den Gossenkölleseen

Rotfelssee, 2645 m:
100 m Länge, 90 m Breite, 6 m Tiefe.

Eine Besonderheit des Kühtais sind die ausgezeichneten Rossweiden, weshalb dort zahlreiche Pferde ihren Almsommer verbringen. Gruppen von manchmal bis zu zwei Dutzend Haflingern samt Nachwuchs begleiten dann den Bergwanderer ein Stück seines Weges durch dieses hochalpine Paradies.

Das Gebiet um den Geierneggsee ist ein wahrer Pferdehimmel.

Gossenköllesee, 2485 m:
200 m Länge, 120 m Breite, 10 m Tiefe. Der See enthält reinen Bachforellenbestand. Der Besatz erfolgte möglicherweise unter Kaiser Maximilian, dem großen Jäger und Fischer.
Geierneggsee, 2428 m:
200 m Länge, 70 m Breite, 3 m Tiefe.

Die Sage erzählt

Im Schwarzmoossee am Aufstieg zum Gossenköllesee ragen einzelne Steine aus dem Wasser. Bei Mondfinsternis können bestimmte Menschen eine schöne Frauengestalt, eine Nymphe, auf einem der Steine sitzen sehen und hören sie auf einem Musikinstrument spielen. – Wer ein feines Gehör besitzt, hört an diesem See immer eine geheimnisvolle Musik. – Auch den Pferden, die dort zur Tränke kommen, kann es passieren, daß sie die Nymphe sehen. Dann hören sie plötzlich zu trinken auf und stieben erschreckt davon.

Ein eindrucksvolles Bild: der Alfairsee (siehe Seite 62) am Übergang vom Stubai ins Gschnitztal nahe der Innsbrucker Hütte

Der Schnee hat sich noch nicht einmal ganz zurückgezogen, nehmen bereits die Schafe Besitz von ihrem Revier wie hier im Kühtai.

Zum Rinnensee

Beeindruckende Aussicht auf die Gletscherwelt

Lage: In den Stubaier Alpen am Fuße der Rinnenspitze südwestlich der 500 Meter tiefer gelegenen Franz-Senn-Hütte
Schwierigkeit: Für bergerfahrene und gehtüchtige Wanderer problemlos. Auf Markierung achten! Nur bei trockenem und schönem Wetter empfehlenswert
Gehzeiten: ab Milders ↑ 5½ Std., ↓ 4½ Std.; ab Oberisshütte ↑ 3 Std., ↓ 2½ Std.
Höhenunterschied: ab Milders 1620 m, ab Oberissalm 900 m
Talort: Milders i. Stubaital, 1020 m
Landkarte: Mayr WK Nr. 18 – Stubaital
Ausgangspunkt: Milders, 1020 m, oder Oberisshütte, 1742 m
Anfahrt: Innsbruck – Schönberg – Stubaital – Neustift – Milders – Oberbergtal – Oberisshütte, 1742 m (gebührenpflichtig). Von Milders bis zur Oberissalm ist auch ein Taxidienst eingerichtet.

Wegverlauf

Von Milders führt neben dem Bach der alte Fußweg ins Oberbergtal bis Bärenbad, dann sonnseitig über die Höfe nach Sedugg hinunter ins Tal, den Bach entlang zur

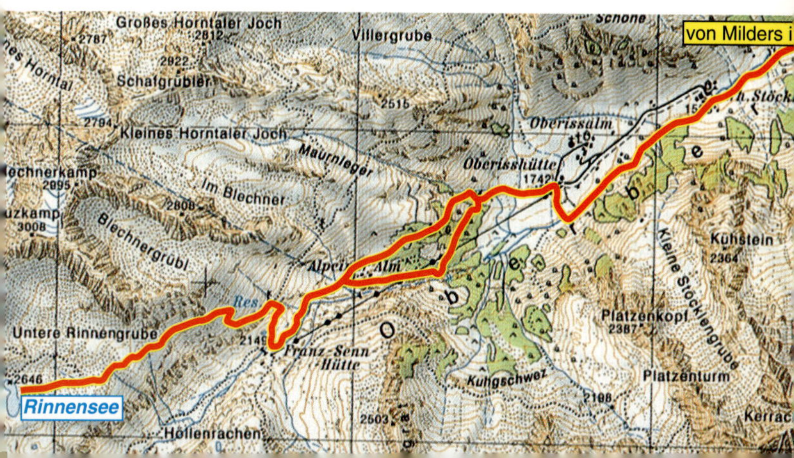

Der idyllische Rinnensee mit der Rinnenspitze, einer der „leichten“ Dreitausender in den Stubaier Alpen

Stöcklenalm, 1598 m. Hier beginnen die sanft ansteigenden, ausgedehnten Bergwiesen der Oberissalm, die zu den schönsten im ganzen Stubaital zu zählen sind. Bis zur Oberisshütte, 1742 m, unterhalb der Oberissalm sind es von Milders 2½ Std.
Nun steigt man westwärts (Weg Nr. 131) über Almmatten und latschenkiefernbewachsene Hänge und von Gletschern abgeschliffene Felsplatten in 1½ Std. zur Franz-Senn-Hütte, 2149 m, auf. Links des Weges nahe der Hütte stürzt in einem schluchtartigen Gelände der Alpeiner Bach in einem mächtigen Wasserfall herab. Ab der Hütte führt der Weg Nr. 2 über steiles Rasengelände bis zu einer Bank, die zu kurzer Rast einlädt. Ein kleines Wasserbecken überschreitet man auf Steinplatten und steigt dann zwischen mächtigen Steinblöcken zum Rinnensee, 2646 m, auf.

Der Rinnensee

Viele zählen diesen idyllisch gelegenen See zu den besonders schönen in den Stubaier Alpen. Von Fels und Blockwerk umgeben, ist er in ein weites Karbecken gebettet. In 2646 m Höhe gelegen, misst der Bergsee 260 m Länge, 100 m Breite, einige Meter Tiefe. Vom Rinnensee aus bietet sich eine beeindruckende Aussicht auf die Gletscherwelt der Stubaier Alpen.

Zum Falbesoner See

Im Gebiet mächtiger Moränen

Lage: Am Stubaier Höhenweg unweit der Neuen Regensburger Hütte
Schwierigkeit: teilweise steil, aber für gehgewohnte und trittsichere Berggeher unschwierig
Gehzeit: ↑ 4 Std., ↓ 3½ Std.
Höhenunterschied: 1280 m
Landkarte: Mayr WK Nr. 18 – Stubaital
Ausgangspunkt: Falbeson/Waldcafé, 1300 m
Anfahrt: Innsbruck – Schönberg – Stubaital – Neustift – Falbeson. Parkplatz beim Waldcafé.

Wegverlauf

Vom Waldcafé auf dem Weg Nr. 133 durch Nadelwälder etwas steil hinauf zum Fahrweg zur urigen Ochsenalm, 1822 m, und weiter über eine hohe Felsschwelle mit den

Der Falbesoner See liegt am Stubaier Höhenweg und wird, sobald er schneefrei ist, gerne als Rastplatz benützt.

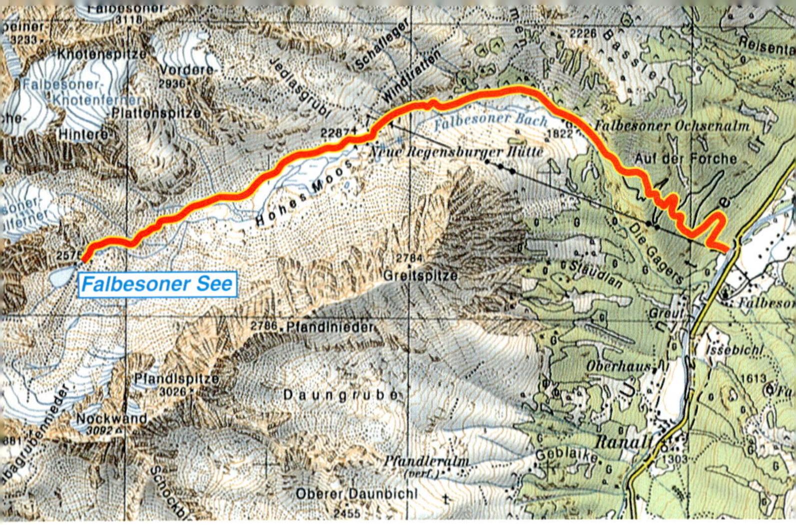

staubenden Wasserfällen des Falbesoner Baches zur Neuen Regensburger Hütte, 2287 m, in 2 Std.; ab nun in Richtung Westen auf dem Weg Nr. 138 (Stubaier Höhenweg) in weiteren 2 Std. über Moorgelände zu den mächtigen Moränen des Kraulferners und über gletschergeschliffene Felsplatten zum Falbesoner See.

Nach dem Zweiten Weltkrieg sollen im See zwei Flugzeugtanks entdeckt worden sein, die heute noch am Seegrund liegen.

Am Falbesoner See

Der See auf 2575 m Höhe liegt in einem von Gletschern ausgekolkten Felsbecken, das von einem ca. 20 Meter hohen Moränenwall umschlossen wird. Er ist 210 m lang, 110 m breit, und etwa 8 m tief. Im Süden, Westen und Norden wird diese Gegend von hohen Kämmen, aufragenden Berggipfeln und Gletschern umschlossen. Da sich der See unmittelbar am bekannten Stubaier Höhenweg befindet, wird er von Bergwanderern gerne zu einer beschaulichen Rast besucht.

Grünausee und Blaue Lacke

Moränen und Gletscher sind die Schaustücke

Lage: Hoch über dem inneren Stubaital unweit der Sulzenauhütte
Schwierigkeit: Für gehgewohnte Bergwanderer ohne Probleme. Alle Wege sind sehr gut markiert.
Gehzeit zum Grünausee: ↑ 3 Std., ↓ 2½ Std.
Gehzeit zur Blauen Lacke: ↑ 2½ Std., ↓ 2 Std.
Höhenunterschied: 700 m
Landkarte: Mayr WK Nr. 18 – Stubaital
Ausgangspunkt: Grawaalm/Parkplatz Sulzenauhütte, 1600 m
Anfahrt: Innsbruck – Schönberg – Stubaital – Neustift – Ranalt – Grawaalm/Parkplatz Sulzenauhütte.

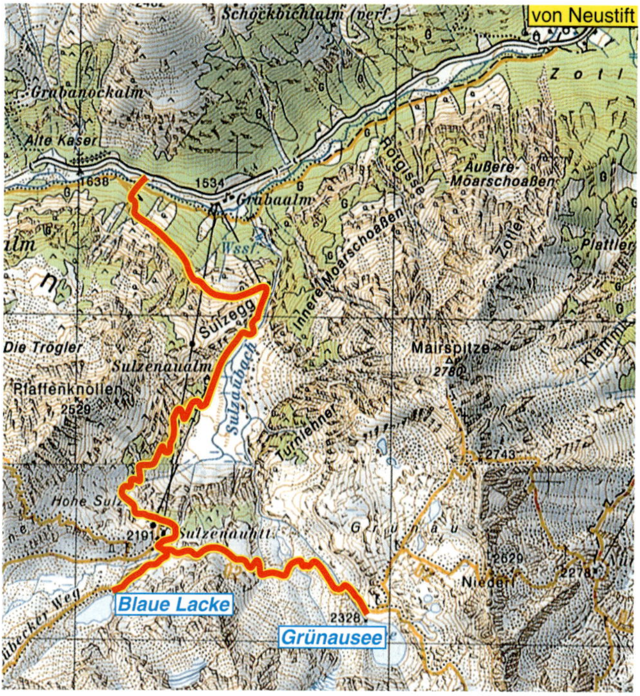

Die Blaue Lacke ist von der Sulzenauhütte in einer halben Stunde zu erreichen.

Wegverlauf

Die Wanderung auf dem Weg Nr. 136 führt dem tosenden Sulzbach entlang über zwei Felsstufen und an Wasserfällen vorbei in Serpentinen steil hinauf zur Sulzenaualm; Jetzt kommt eine weitere Felsstufe, und über blühende Grashänge geht es zur viel besuchten Sulzenauhütte, 2191 Meter (bis hierher 2 Std.). Von hier südostwärts über Almböden und einen gewaltigen, etwa 1000 m langen und zum Teil grasbewachsenen Moränenkamm in 1 Std. zum Grünausee, 2328 m. Der zweite See, die Blaue Lacke, 2300 m, liegt in entgegengesetzter Richtung, im Westen, und ist von der Sulzenauhütte über Geröllfelder in einer halben Stunde erreichbar.

Einkehrmöglichkeiten: Sulzenaualm und Sulzenauhütte, 2191 m.

Am Grünausee und an der Blauen Lacke

Die beiden Seen liegen rund zwei Kilometer voneinander entfernt. In ihren Wassern spiegeln sich der Wilde Freiger, 3418 m, das Zuckerhütl, 3507 m, und der Sulzenauferner.

Grünausee, 2328 m:
350 m lang, 250 m breit, 15 m tief.

Blaue Lacke, 2300 m:
280 m lang, 170 m breit, 6 m tief.

Auf dem Weg zum Grünausee fasziniert der eindrucksvolle Grünauferner unweit der Sulzenauhütte.

Tour 19

Stubaier Alpen

Zum Alfairsee

Im Schatten des Habichts

Lage: Nahe der Innsbrucker Hütte am Übergang vom Stubaital ins Gschnitztal
Schwierigkeit: Für gehtüchtige Berggeher problemlos
Gehzeit: ↑ 4½ Std., ↓ 3¾ Std.
Höhenunterschied: 1400 m
Landkarte: Mayr WK Nr. 18 – Stubaital
Ausgangspunkt: Neustift/Neder im Stubaital, Gasthof Zeggen, ca. 1000 m
Anfahrt: Innsbruck – Schönberg – Stubaital – Fulpmes – Neustift/Neder.

Der Alfairsee mit der Innsbrucker Hütte, dem Ausgangspunkt für eine Habichtbesteigung

Wegverlauf

Vom Gasthof Zeggen in Neder auf dem Weg Nr. 123 nach Süden entlang dem wild schäumenden Pinnisbach ins Pinnistal, vorbei an den Almwirtschaften Herzeben, Issanger und Pinnisalm, 1560 m. Ein mächtiger, gespaltener Felsblock weist über eine kleine Talstufe zur Karalm, 1747 m (bis hierher 2½ Std.). Nun steigt der Weg stärker an und führt in 1½ Std. hinauf aufs Pinnisjoch und zur Innsbrucker Hütte, 2369 m, und von dort in einer halben Stunde zum südwestlich gelegenen See.

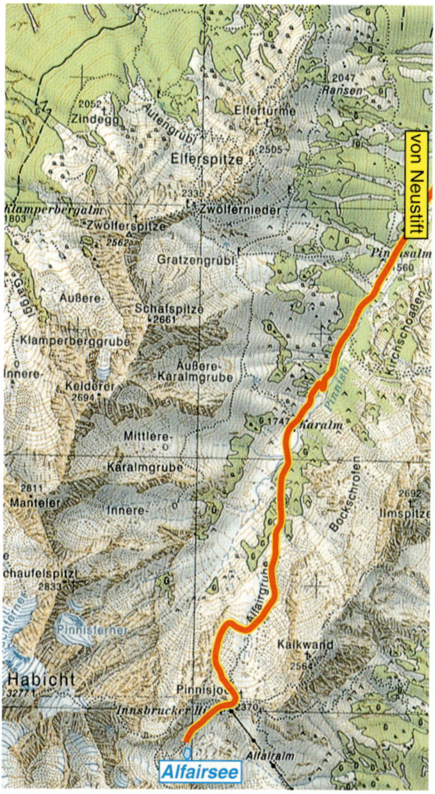

Variante

Ein anderer Zugang zum See führt aus dem Gschnitztal herauf. Ausgangspunkt ist

Den ganzen Weg durch das Pinnistal begleiten den Wanderer linksseitig die gewaltigen Abstürze des Serleskammes, der Kesselspitze, Wasenwand, Hammer- und Kirchdachspitze, rechts die himmelstürmenden Elfertürme, wieder links beeindrucken Ilmspitze und Kalkwand, und im Westen leuchtet der Pinnisferner vor dem majestätischen Habicht.

der Gasthof Feuerstein im inneren Gschnitztal. Der Weg Nr. 60 ist kürzer – er ist in 2½ Std. zu bewältigen –, aber wesentlich steiler als jener durch das Pinnistal. Daher ist er nur an kühlen Tagen zu empfehlen.

Am Alfairsee

Der Alfairsee, ca. 2400 m, liegt in einem von wuchtigen Felsblöcken umsäumten Karbecken hoch über dem inneren Gschnitztal nahe der viel besuchten Innsbrucker Hütte, dem Ausgangspunkt für die Besteigung des Habichts, 3277 m. Seine Maße: 130 m lang, 50 m breit und ca. 8 m tief (früher war er größer, wurde jedoch in den achtziger Jahren bei einem Unwetter teilweise von Geröll- und Gesteinsmassen zugeschüttet). Der Name des Sees stammt vom gleichnamigen Almgebiet und der dazugehörigen Alm, die sich ein gutes Stück unterhalb des Sees ausbreitet.

Pause am Mutterberger See am Stubaier Höhenweg in der Nähe des Stubaier Gletscherskigebietes

Zum Mutterberger See

Zirbenwälder und Almrosen als Begleiter

Lage: Am Stubaier Höhenweg unweit des Stubaier Gletscherskigebietes
Schwierigkeit: Streckenweise etwas steil, aber für gehgewohnte und trittsichere Bergwanderer ohne Probleme
Gehzeit: ↑ 3 Std., ↓ 2½ Std.
Höhenunterschied: 760 m
Landkarte: Mayr WK Nr. 18 – Stubaital
Ausgangspunkt: Mutterbergalm, 1721 m
Anfahrt: Innsbruck – Schönberg – Stubaital – Neustift – Mutterbergalm/Agrar-Restaurant (Parkplatz).

Wegverlauf

Von der Mutterbergalm aus an der Talstation der Stubaier Gletscherbahnen vorbei, über einen Holzsteg und auf einem Fahrweg Richtung Norden bergauf bis zur zweiten Brücke (Hinweistafel zum Mutterberger See). Weiter führt der Weg über steile Grashänge, an Wasserfällen und einer verfallenen Almhütte vorbei bis zu einem Moorgebiet, dann auf dem bekannten Stubaier Höhenweg westwärts bis zu

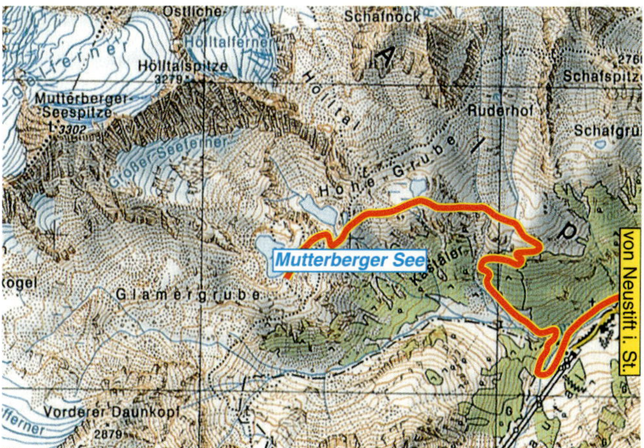

Fels und Blockwerk umgeben den Mutterberger See, typische Accessoires des Hochgebirges.

einer Hinweistafel zum See, dieser folgend über steinige Grashänge etwas steiler zum Mutterberger See, 2483 m.

Als Abstieg nimmt man den Aufstiegsweg oder baut diese Tour zu einer Rundwanderung aus: Vom See am Höhenweg Nr. 35 + 138 über die Wilde Grube zur Dresdner Hütte, 2308 m, von wo man ins Tal absteigt oder bequemer mit der Gondelbahn zum Ausgangspunkt abfährt.

Einkehrmöglichkeiten: Mutterbergalm, 1721 m, oder Dresdner Hütte, 2308 m.

Am Mutterberger See

Der Mutterberger See, 2483 m, liegt oberhalb der Waldgrenze. Er ist 300 m lang, 150 m breit und einige Meter tief. Es handelt sich um einen typischen Hochgebirgssee, in einer von Fels und Blockwerk geprägten Umgebung. Die zwei kleinen Felsinseln, mit Moos und Gebirgsgräsern überwachsen, geben dem See eine bezaubernde Note.

Zum Lautersee

In einem urweltlichen, einsamen Hochgebirgskessel

Lage: Hoch über dem inneren Gschnitztal unweit des Weges zur Bremer Hütte
Schwierigkeit: Die Tour erfordert zwar keine technischen Kenntnisse, aber Bergerfahrung und Gehtüchtigkeit sind notwendig, da der Weg teilweise steil ist und auch hin und wieder nasse Stellen aufweist.
Gehzeit: ↑ 4 Std., ↓ 3½ Std.
Höhenunterschied: 1280 m
Landkarte: Mayr WK Nr. 24 – Wipptal
Ausgangspunkt: Gschnitz/Gasthof Feuerstein, 1281 m
Anfahrt: Innsbruck – Steinach a. Brenner – Gschnitztal – Trins – Gschnitz – Gasthof Feuerstein (Parkplatz).

Wegverlauf

Der viel begangene Weg führt vom Gasthof Feuerstein, 1281 m, dem rauschenden Talbach entlang an der Laponesalm, 1472 m, vorbei (bis hierher auch Taxidienst) bis kurz vor den Talschluss, dann beginnt der steile Aufstieg Richtung Bremer Hütte (rot-weiße Markierung) bis zum kleinen, weitgehend verlandeten, von einem schmalen Schilfgürtel, blühenden Grasmatten und ausgedehnten Alpenrosenteppichen umrahmten Simmingsee, auf 2010 m.

Weidende Schafe auf dem Weg zum einsam gelegenen Lautersee hoch über dem inneren Gschnitztal

Von hier südwestlich (keine Markierung!) über steile Grashänge den Seebach entlang hinauf (bei einem Wasserschloss vorbei), bis man auf den Weg Nr. 124 stößt (Höhenweg Innsbrucker Hütte – Bremer Hütte, rot-weiß-rote Markierung). Jetzt auf dem Höhenweg kurz talaus bis zu einer Hinweistafel, die zum Lautersee weist (rote Markierung). Der Abstieg erfolgt auf dem Anstiegsweg.

Variante

Schwindelfreie und Bergerfahrene können zum Abstieg ab Lautersee den Weg Nr. 124 zur Bremer Hütte nehmen und steigen zum Ausgangspunkt ab.

Am Lautersee

Der Lautersee befindet sich in einem urweltlichen, einsamen, von wildem Schutt und Blockwerk gekennzeichneten Hochgebirgskessel auf ca. 2560 m. Er ist 200 m lang, 130 Meter breit und einige Meter tief. Herrliche Aussicht!

Von blühenden Almwiesen ist der Rohrsee im inneren Obernberger Tal umgeben.

Zum Lichtsee und Rohrsee

Umsäumt von blühenden Almwiesen

Lage: Im inneren Obernberger Tal an der Südflanke des Leitnerberges
Schwierigkeit: Keine besonderen Anforderungen
Gehzeit: ↑ 2 Std., ↓ 1½ Std.
Höhenunterschied: 620 m
Landkarte: Mayr WK Nr. 24 – Wipptal
Ausgangspunkt: Obernberg/Gasthaus Waldesruh, 1439 m
Anfahrt: Innsbruck – Gries a. Brenner – Obernberger Tal – Obernberg/Gasthaus Waldesruh (gebührenpflichtiger Parkplatz, Münzen mitnehmen!).

Wegverlauf

Vom Gasthaus auf dem Fahrweg Nr. 126 nordwärts durch Lärchenwälder zur Kastnerbergalm, 1734 m, und über Almmähder zu den beiden kleinen Seen. – Abstieg wie Aufstieg.

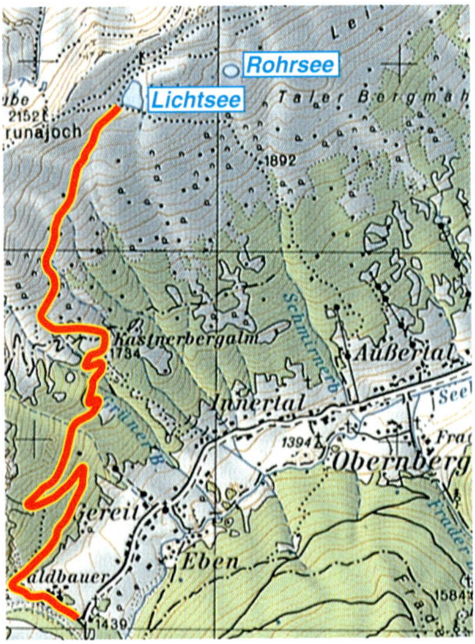

Licht- und Rohrsee

Der glasklare Lichtsee liegt in einer Senke, 2104 m, 130 m lang, 100 m breit, 8 m tief, umgeben von blühenden Almwiesen. Östlich vom Lichtsee funkelt der etwas kleinere Rohrsee.

Am Lichtsee. Den eindrucksvollen Hintergrund bildet der wuchtige Obernberger Tribulaun.

Geschichtliches: Eine Bäuerin im inneren Obernberger Tal erzählt von einem Absturz eines amerikanischen Flugzeuges im Kriegswinter 1944/45. Die Maschine kam aus Italien und wurde über dem Sattelberg abgeschossen. Sie flog als brennende Fackel über das Tal und zerschellte unweit des Sees, sodass zahlreiche Flugzeugtrümmer im See versanken und noch heute am Seegrund liegen. An der Absturzstelle wurden zehn Leichen der Besatzung geborgen.

Zum Obernberger See

Von zahlreichen Sagen umrankt

Lage: Im hinteren Obernberger Tal
Schwierigkeit: Keine, auch für Kinder geeignet
Gehzeit: 2½ Std. (Rundwanderung)
Höhenunterschied: 100 m
Landkarte: Mayr WK Nr. 24 – Wipptal
Ausgangspunkt: Obernberg/Gasthaus Waldesruh, 1439 m
Anfahrt: Innsbruck – Gries a. Brenner – Obernberger Tal – Obernberg/Gasthaus Waldesruh (gebührenpflichtiger Parkplatz, Münzen mitnehmen!)

Wegverlauf

Vom Gasthaus Waldesruh auf dem Weg Nr. 91 südwärts leicht ansteigend durch Wald und Almwiesen, an den zwei uralten Schwaighöfen Ober- und Unterrein vorbei zum See (an der Hauswand der einen Schweige ist eine Tafel mit der Aufschrift „erbaut anno 1498" angebracht). Hier beginnt die besonders reizvolle einstündige Wanderung um den See.

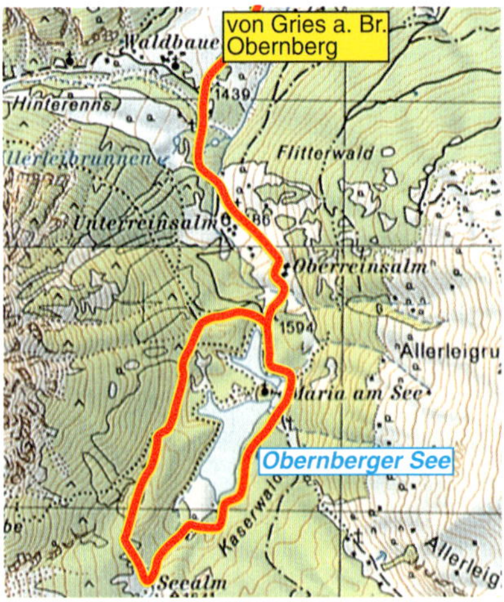

Obernberger See

Von Fichtenwäldern und Almwiesen umgeben, liegt der viel besuchte Obernberger See (seit 1935 Naturschutzgebiet) auf 1593 Meter. Er ist 1200 m lang, 170 m breit, 47 m tief.

Die Sage erzählt

Viele Sagen ranken sich um den stillen,

Eine Holzbrücke führt auf das Inselchen im Obernberger See, auf dem eine Marienkapelle errichtet wurde.

klaren Bergsee, der keinen Abfluss aufweist, nach der Volksmeinung aber mit dem Brennersee unterirdisch verbunden sein soll.
Eine dieser Sagen erzählt von übermütigen Knappen. Als sie bei einem Fest einen Stier quälten und fast zu Tode hetzten, brach ein grauenhaftes Unwetter los und ein Bergsturz verschüttete den Stollen und die Knappensiedlung mitsamt den Bergknappen.

Im Obernberger Tal wird eines der ältesten Bergbaugebiete Tirols vermutet. Die fünf Knappenlöcher, die man südlich der Kachelstube noch gut erkennen kann, könnten aus vorrömischer Zeit stammen.
1935 wurde auf der kleinen Insel im See das Kirchlein „Unsere Liebe Frau am See“ erbaut. Über eine Holzbrücke erreicht man dieses Kirchlein.

Zum Ramsgrubensee

Leuchtender Smaragd zwischen Alpinrasen

Lage: Hoch über dem Wildlahnertal, einem rechten Seitental im inneren Schmirntal
Schwierigkeit: Für berggewohnte Wanderer leicht
Gehzeit: ↑ 3 Std., ↓ 2½ Std.
Höhenunterschied: 800 m
Landkarte: Mayr WK Nr. 24 – Wipptal
Ausgangspunkt: Toldern, 1462 m
Anfahrt: Innsbruck – Steinach a. Brenner – Stafflach – St. Jodok – Schmirntal – Schmirn – Toldern.

Wegverlauf

Von Toldern im inneren Schmirntal auf dem ins Wildlahnertal führenden Sträßchen talein bis zu einer Brücke, hier links auf dem Weg Nr. 72 bergauf durch prächtige Lärchenwälder und über Bergwiesen und Grashänge zum See.

Am Ramsgrubensee

Der klare, fast kreisrunde Bergsee, 2260 m, ruht in einer teils von Felsgeröll, teils von Alpinrasen umfangenen Mul-

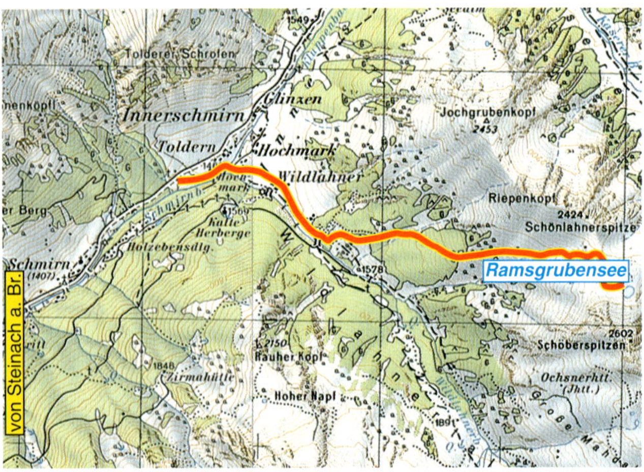

Still leuchtet in stetig wechselnden Farben der fast kreisrunde Ramsgrubensee.

de, die talseitig von einem begrasten Felsriegel abgeschlossen wird. Die Maße: etwa 110 m im Durchmesser und einige Meter tief. Vom See bietet sich ein weiter freier Ausblick nach Westen zu den Stubaier Alpen.

Wie bei vielen anderen Seen Tirols erzählt die Volkssage auch hier von einer unterirdischen Verbindung: Wer in den Ramsgrubensee taucht, kommt beim Brennersee wieder heraus.

Zum Klammsee

Wo einst nach Erz geschürft wurde

Lage: Am Klammjoch, dem Übergang von Navis ins Wattental
Schwierigkeit: Für gehtüchtige Wanderer ohne Probleme; gut markierte Wege
Gehzeit: ↑ 3½ Std., ↓ 3 Std.
Höhenunterschied: 1020 m
Landkarte: Mayr WK Nr. 24 – Wipptal
Ausgangspunkt: Navis/Grünhöfe, 1485 m
Anfahrt: Innsbruck – Matrei a. Brenner – Navistal – Navis/Grünhöfe (gebührenpflichtiger Parkplatz).

Wegverlauf

Vom Parkplatz über die Peeralm zur Klammalm, 1947 m, in 1½ Std., weiter geht es auf dem Weg Nr. 327 Richtung Klammjoch über eine Steilstufe über Moorgebiet und blühende Almböden zum Klammsee (rot-weiß-rot markiert und Holzpflöcke beachten).

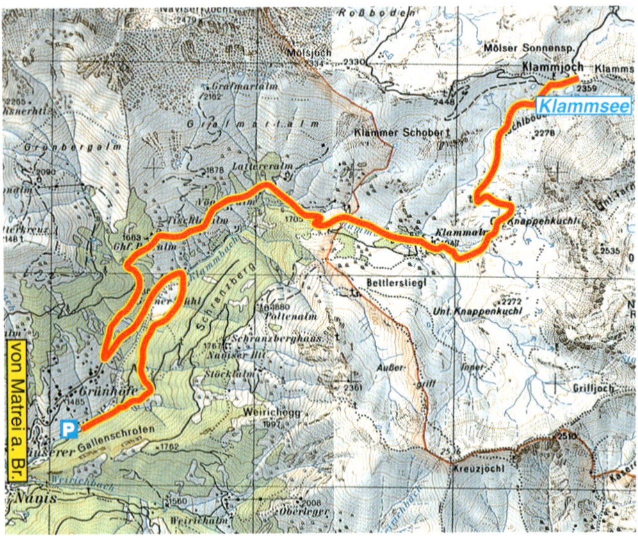

Eine „Bilderbuchlage“ hat der Klammsee am gleichnamigen Joch, das das Navistal mit dem Wattental verbindet.

Die Sage erzählt

Im Gebirge von Navis hoch oben befindet sich ein großer Bergsee, bei dem es nicht geheuer sein soll. Einmal schlief ein Hirte in der Nähe des Sees ein. Als er aufwachte, befand er sich mit dem halben Körper im Wasser. – Wirft man Steine in den See, braut sich ein Unwetter zusammen.

Geschichtliches: Im hinteren Navistal im Gebiet der Tarntaler Berge weist der Name Knappenkuchl oberhalb der Griffalpe auf einstigen Bergbau hin. Geschürft wurde nach Erz und Edelmetall.

Am Klammsee

Im Bereich des Klammjochs am Übergang ins Wattental liegt dieser Bergsee auf 2359 m Seehöhe (er wird auch Klammjochsee genannt). Er ist 130 m lang, 85 m breit und einige Meter tief.

Zum Staffelsee

Ein „Auge" inmitten von Bergriesen

Lage: Neben dem Klammjoch führt ein weiterer Übergang von Navis ins Wattental, und zwar zwischen Lizumer Reckner und Geierspitze.
Schwierigkeit: Keine Probleme, aber gutes Schuhwerk ist wegen einiger sumpfiger Stellen empfehlenswert.
Gehzeit: ↑ 3½ Std., ↓ 3 Std.
Höhenunterschied: 1200 m
Landkarte: Mayr WK Nr. 24 – Wipptal
Ausgangspunkt: Navis/Grünhöfe, 1485 m
Anfahrt: Innsbruck – Matrei a. Brenner – Navistal – Navis/Grünhöfe (gebührenpflichtiger Parkplatz).

Wegverlauf

Von den Grünhöfen führt der Weg Nr. 16 über die Peeralm zur Klammalm (1½ Std.), dann etwas steiler durch eine Klamm hinauf (rechter Hand liegt ein Moorgebiet) weiter südwärts, bis man auf den Weg Nr. 325 gelangt, der zum

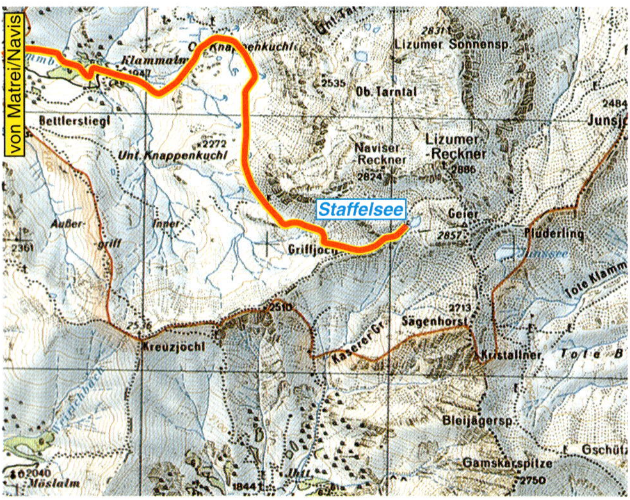

Immer wieder öffnen sich herrliche Blicke wie hier auf die fallenden Wasser am Weg zum Staffelsee.

Staffelsee, 2680 m, führt (Markierung und Holzpflöcke beachten!). Für eine „Fleißaufgabe“: Von hier zum Lizumer Reckner, mit 2886 m der höchste Berg der Tuxer Voralpen, ist es nur noch ein „Katzensprung“.

Am Staffelsee

Der See liegt hoch über dem Navis- und Schmirntal in 2680 m Seehöhe. Mit 100 m Länge und 85 m Breite ist er eher ein Seelein. Doch die traumhafte Lage inmitten von Gebirgsriesen am Übergang zur Lizumer Hütte gibt ihm Gewicht.

Tour
27

Tuxer Alpen

Zu den Torseen

Die alte Träger-Route von Tux nach Innsbruck

Lage: Nahe am Torjoch, dem Übergang vom Wattental ins Tuxer Tal
Schwierigkeit: Ohne Probleme für gehgewohnte Wanderer
Gehzeit: ↑ 4½ Std., ↓ 3½ Std.
Höhenunterschied: 1100 m
Landkarte: Mayr WK Nr. 25 – Mittl. Unterinntal
Ausgangspunkt: Lager Walchen, 1410 m
Anfahrt: Innsbruck – Ausfahrt Wattens der Inntal-Autobahn – Wattental – Lager Walchen. Wegen des Truppenübungsplatzes Sperrzeiten bei der Gemeinde Wattenberg erfragen (Tel. 05224/52230-4).

Am Übergang vom Wattental ins Tuxer Tal liegen die bezaubernden Torseen.

Wegverlauf

Von Walchen auf dem Zirmweg Nr. 314 über Innermelang und Zirmachalm durch prächtige Zirmwälder zur Lizumer Hütte (ÖAV), 2019 m, in 2½ Std. (Sommer und Winter bewirtschaftet). Nun ostwärts auf Weg 321 (rot-weiß-rote Markierung) etwas steiler zum Torjoch, 2386 m. Kurzer Abstieg in 20 Minuten an den kleinen „Torlacken" vorbei zu den Torseen, 2260 m. Das Torjoch verbindet das Inntal mit dem hinteren Zillertal und Tuxer Tal.

Bei den Torseen

Die Torseen umfassen einen kleineren und einen größeren Bergsee in der Nassen Tux. Sie liegen nebeneinander fast auf gleicher Höhe, 2260 m. Der untere See ist 220 m lang, 100 m breit und einige Meter tief, der kleinere seichte See misst 150 x 50 m.

Die Sage erzählt

Jenseits des Torjochs nahe der Alm „Nasse Tux" liegt ein kleiner Gebirgssee, von dem die Almerer behaupten, dass er zu brüllen beginne, sobald sie im Herbst mit den Kühen abfahren.

Auch der Junssee bewacht einen Übergang vom Inntal ins Tux.

Zum Junssee

Im Seengebiet der Tuxer Alpen

Lage: An einem der Übergänge zwischen Wattental und Tuxer Tal
Schwierigkeit: Keine Probleme für bergerfahrene Wanderer (im Gelände auf die Markierung achten!)
Gehzeit: ↑ 4½ Std., ↓ 3½ Std.
Höhenunterschied: 1250 m
Landkarte: Mayr WK Nr. 25 – Mittl. Unterinntal
Ausgangspunkt: Lager Walchen, 1410 m
Anfahrt: Innsbruck – Ausfahrt Wattens der Inntal-Autobahn – Wattental – Lager Walchen. Wegen des Truppenübungsplatzes Sperrzeiten bei der Gemeinde Wattenberg erfragen (Tel. 05224/52230-4).

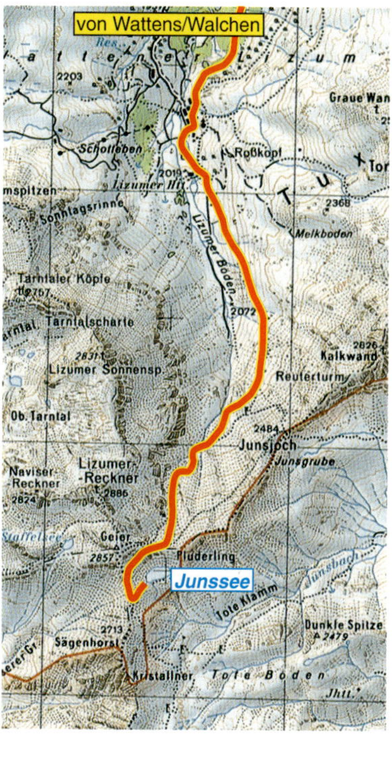

Wegverlauf

Der viel begangene Zugang führt auf dem Weg Nr. 323 (rot-weiß-rote Markierung), dem rauschenden Talbach entlang, von Walchen über blühende Almweiden und an dunklen Almhütten vorbei zur Lizumer Hütte, 2050 m, in 2½ Std. Von hier südwärts in den Talschluss, dann steil hinauf über Geröllhalden bis zum Sattel zwischen Pluderling und Geierspitze. Von hier, 2750 m, überblickt man die ganzen Tarntaler Berge, die

Der Mölssee im hinteren Wattental

nahen Eisriesen des Zillertaler Hauptkammes, die gesamten Stubaier Alpen und im Norden das Karwendelgebirge. Von diesem Sattel aus ist der Junssee, 2650 Meter, über flache Schutthalden in einer Viertelstunde erreichbar.
Abstieg bis zur Lizumer Hütte wie Aufstieg. Zur Abwechslung kann man ab der Lizumer Hütte auch den Fahrweg nach Walchen benützen und lernt so auch die andere Talseite kennen.

Am Junssee

Der Junssee, 2650 m, liegt nahe am Übergang vom Wattental ins Tuxer Tal. Der vom gelben Geschröf des Pluderling und den grasdurchsetzten Felsflanken des Sagenhorstes umgebene See ist 220 m lang, 100 m breit und 14 m tief. – In der Nähe befindet sich auf gleicher Höhe der Staffelsee (siehe Seite 78), was zur volkstümlichen Überzeugung führte, dass es zwischen beiden Seen eine Verbindung gäbe.

Zum Mölssee

Die Ruhe eines abgeschiedenen Almtals

Lage: Im hinteren Wattental
Schwierigkeit: Keine Probleme für berggewohnte Wanderer; auch für Kinder geeignet
Gehzeit: ↑ 2½ Std., ↓ 2 Std.
Höhenunterschied: 750 m
Landkarte: Mayr WK Nr. 25 – Mittl. Unterinntal
Ausgangspunkt: Lager Walchen, 1410 m
Anfahrt: Innsbruck – Ausfahrt Wattens der Inntal-Autobahn – Wattental – Lager Walchen. Wegen des Truppenübungsplatzes Sperrzeiten bei der Gemeinde Wattenberg erfragen (Tel. 05224/52230-4).

Wegverlauf

Auf dem Almweg Nr. 328 teilweise neben dem rauschenden Mölsbach vom Lager Walchen durch Zirmwälder, vor-

Der Möls-Niederleger, heute eine Alm (über 1600 m), wurde im Mittelalter als ganzjährig bewohnter Schwaighof gegründet.

bei am Möls-Niederleger über Bergwiesen in den Talschluss zum Möls-Hochleger, 2037 Meter; von da weiter auf dem Weg Nr. 328 etwas steiler über freies Gelände zum Mölssee, 2236 m. Abstieg wie Aufstieg.

Variante

Eine schöne Runde ergibt sich bei einem Abstieg über die Mölsscharte, 2379 m, und Schotteben zur bewirtschafteten Lizumer Hütte, 2037 Meter, und auf dem Fahrweg nach Walchen (3 Std.). Diese Variante ist nur bei gutem Wetter und ohne Kinder zu empfehlen.

Der Mölssee

Inmitten der Hochweide und im Bereich des Möls-Hochlegers in einem halbrunden Karbecken, umgeben von Felsblöcken und blühenden Alpenrosenfeldern, liegt der kleine See auf 2236 m, ist 150 m lang, 70 m breit und 6 m tief. In näherer Umgebung befinden sich einige kleine Lacken.

Geschichtliches: Nicht immer war es im Mölstal so einsam. Im 13. Jahrhundert etwa herrschte reges Leben, als der Bergbau im Talschluss in hoher Blüte stand. Damals waren die Schwaighöfe am Möls-Niederleger noch ganzjährig bewohnt.

Die Hintere Gleirschalm im gleichnamigen Tal, einem Seitenast des Sellrain (siehe Seite 43).

Tour 30

Zum Amberger See

Die Sage vom geblendeten Köhler

Lage: Zwischen Ötztal und Inntal nahe Ochsengarten
Schwierigkeit: Gemütliche Wanderung
Gehzeit: ↑ 2 Std., ↓ 1½ Std.
Höhenunterschied: Wenige Meter
Landkarte: Mayr WK Nr. 10 – Ötztal
Ausgangspunkt: Ochsengarten/Wald, 1538 m
Anfahrt: Innsbruck – Ausfahrt Ötztal der Inntal-Autobahn – Ötz – Ötzerau – Ochsengarten/Wald.

Wegverlauf

Von Ochsengarten/Wald den Talwanderweg Richtung Ötz bis zu einer Holzbrücke, dann beim Schranken rechts den Forstweg (rot-weiße Markierung) bis zu einem Wegkreuz nehmen. Von hier führt der Waldweg rechts zum See. Abstieg wie Aufstieg.

Am Amberger See

Der idyllische See liegt mitten im Wald auf 1520 m Seehöhe. Seine Maße: 500 x 400 m und einige Meter tief.

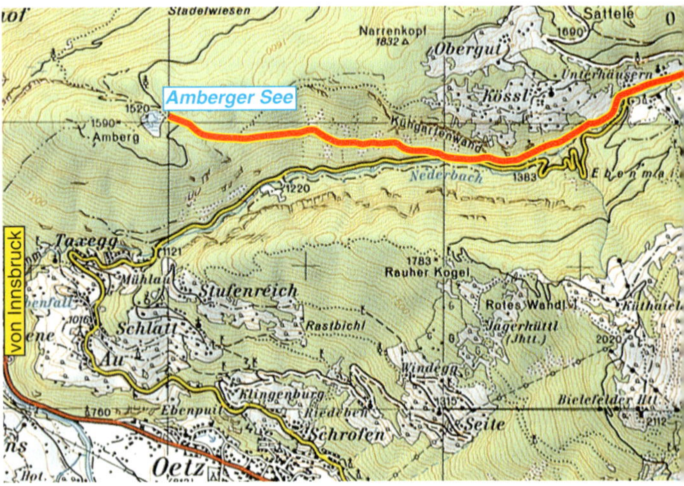

Stubaier Alpen

Idyllisch liegt der Amberger See inmitten eines von Wiesen durchsetzten, lockeren Waldgebietes.

Die Sage erzählt

Am Amberger See lebte einmal ein Kohlenbrenner, der in seiner Freizeit auf Adler Jagd machte. Als Köder dienten ihm ausgestopfte Lämmer. Und so glückte ihm mancher Fang. Augenwasser und Herz dieser edlen Greifvögel verkaufte er dann als Heilmittel für viel Geld an durchziehende Händler. Eines Tages schlief der Kohlenbrenner am Ufer des Sees ein. Ein Adler sah dies, stürzte auf ihn herab und hackte ihm die Augen aus. Der nunmehr geblendete Kohlenbrenner fand nicht mehr den Weg zu seiner Hütte. Er stürzte in den See und noch heute sieht man bei bestimmtem Wasserstand seine unheimlichen, leeren Augenhöhlen vom Seegrund heraufleuchten.

Immer einsamer wird der Weg durchs Horlachtal an Wasserläufen entlang (unten) bis zum Grastalsee (oben), der in einer beinahe urzeitlichen Umgebung liegt.

Zum Grastalsee

Einsamkeit und Stille in urweltlicher Umgebung

Lage: Hoch überm Grastal, einem Seitental des Horlachtales bei Niederthai
Schwierigkeit: Der Weg ist gut markiert; das letzte Stück ist etwas steil und steinig. Keine besonderen Anforderungen
Gehzeit: ↑ 3 Std., ↓ 2½ Std.
Höhenunterschied: 1000 m
Landkarte: Mayr WK Nr. 10 – Ötztal
Ausgangspunkt: Niederthai, 1538 m
Anfahrt: Innsbruck – Ausfahrt Ötztal der Inntal-Autobahn – Ötz – Umhausen – Niederthai (Parkplatz beim Feuerwehrhaus).

Wegverlauf

Vom Parkplatz talein ins Horlachtal bis zu einem Eisengatter, dann kurz steil bergauf, auf dem Fahrweg weiter bis zur Abzweigung ins einsame Grastal; über Almböden und im letzten Stück etwas steiler über Geröllhalden und eine Felsstufe mit Wasserfall zum Grastalsee (rote Markierung). Die Einheimischen nennen ihn auch Grastaller See.

Am Grastalsee

Der See liegt in einem sehr urweltlichen, von Blockwerk und Felshängen umschlossenen, lang gezogenen Karbecken am Fuße des Grastalferners auf 2533 m Seehöhe. Er ist 520 m lang, 270 m breit und 8 m tief.

Ortsregister

Die hier vorgestellten Touren wurden vom Autor z. T. mehrmals begangen. Alle Angaben in diesem Führer wurden sorgfältig recherchiert und erfolgen nach bestem Wissen. Für die Richtigkeit der Angaben kann jedoch keine Haftung übernommen werden.

Mitglied der Verlagsgruppe „engagement“
Die Deutsche Bibliothek – CIP-Einheitsaufnahme

Ein Titelsatz für diese Publikation ist bei
der Deutschen Bibliothek erhältlich

2001

Layout: Tyrolia-Verlag, Innsbruck
Alle Fotos stammen vom Autor
Karten: © BEV – 2001, vervielfältigt mit Genehmigung des BEV – Bundesamt für Eich- und Vermessungswesen in Wien, Zl. 40.424/2001
Routeneintragungen in den Karten: Kartographischer Verlag Walter Mayr, Innsbruck, nach Vorlage von Autor Josef Steiner
Rückseitige Panoramakarte: © Kartographischer Verlag Walter Mayr, Innsbruck
Lithographie: Laserpoint, Innsbruck
Druck und Bindung: Athesia-Tyrolia Druck, Innsbruck
ISBN 3-7022-2403-3